KB189250

반
야
심
경

강
의

반야심경 강의

般若心經 講義

불광출판사

머리말

○

대승불교大乘佛教는 부처님이 출세하신 본회本懷를 설파한 교법이다. 그리고 부처님의 근본되는 가르침은 반야를 통해 비로소 전개된다. 그래서 '반야'를 '제불諸佛의 모母'라고 한다.

반야의 가르침은 대부분의 경전을 이루고 있다. 대반야경은 6백 권이나 된다. 『반야심경』은 반야부 경전 가운데서 가장 간명하고 반야의 핵심을 담은 요전要典이다.

『반야심경』의 심心이 흐리다야hṛdaya, 즉 심장의 뜻을 가진 것으로도 짐작이 간다. 반야의 정요精要인 것이다.

이 경은 광본廣本과 약본略本의 두 가지가 전해오고 있는데 경의 이름은 다같이 프라즈냐 파라미타 흐리다야 수트라Prajñā-pāramitā-hṛdaya-sūtra라 한다. 우리가 지송하는 것은 그중 약본으로서 대체로 광본경에서 서분序分과 유통분流通分에 해당하는 부분을 생략한 정종분正宗分에 해당된다. 『고려대장경』에 두 가지의 심경이 보인다. 구마라집鳩摩羅什과 현장玄奘의 번역이다. 우리가 지송하는 260자 심경은 현장 역譯이다. 필자가 번역한 광본은 아마도 이것이 우리나라 광본심경의 효시이리라. 본고는 불광법회의 강의본으로 작성한다. 강술의 의본依本은 현장역玄奘譯 약본略本이다.

불기 2518년 10월 1일

광덕 적음

차
례

● 서설

● 본설

반야심경 강의

摩訶般若波羅蜜多心經

마하반야바라밀다심경

觀自在菩薩 行深般若波羅蜜多時 照見五蘊皆空 度一
관 자 재 보 살　행 심 반 야 바 라 밀 다 시　조 견 오 온 개 공　도 일

切苦厄 舍利子 色不異空 空不異色 色卽是空 空卽是
체 고 액　사 리 자　색 불 이 공　공 불 이 색　색 즉 시 공　공 즉 시

色 受想行識 亦復如是 舍利者 是諸法空相 不生不滅
색　수 상 행 식　역 부 여 시　사 리 자　시 제 법 공 상　불 생 불 멸

不垢不淨 不增不減 是故 空中無色 無受想行識 無眼
불 구 부 정　부 증 불 감　시 고　공 중 무 색　무 수 상 행 식　무 안

耳鼻舌身意 無色聲香味觸法 無眼界 乃至 無意識界
이 비 설 신 의　무 색 성 향 미 촉 법　무 안 계　내 지　무 의 식 계

無無明 亦無無明盡乃至 無老死 亦無老死盡 無苦集滅
무 무 명　역 무 무 명 진 내 지　무 노 사　역 무 노 사 진　무 고 집 멸

道 無智亦無得 以無所得故 菩提薩埵 依般若波羅蜜多
도 무지역무득 이무소득고 보리살타 의반야바라밀다

故 心無罣碍 無罣碍苦 無有恐怖 遠離顚倒夢想 究竟涅
고 심무가애 무가애고 무유공포 원리전도몽상 구경열

槃 三世諸佛 依般若波羅蜜多 故得阿耨多羅三藐三菩
반 삼세제불 의반야바라밀다 고득아뇩다라삼막삼보

提 故知 般若波羅蜜多 是大神呪 是大明呪 是無上呪 是
리 고지 반야바라밀다 시대신주 시대명주 시무상주 시

無等等呪 能除一切苦 眞實不虛 故說 般若波羅蜜多呪
무등등주 능제일체고 진실불허 고설 반야바라밀다주

卽說呪曰 揭諦揭諦 波羅揭諦 波羅僧揭諦 菩提薩婆訶
즉설주왈 아제아제 바라아제 바라승아제 모지사바하

摩訶般若波羅蜜多心經 (略本)

마하반야바라밀다심경 (약본)

관자재보살 깊은 반야바라밀다 할 적, 오온 공함 비춰봐 일체고액 건너라.

사리자여, 색이 공과 다르지 않고, 공이 색과 다르지 않아, 색 곧 공이요, 공 곧 색이니, 수·상·행·식 역시 이럴러라.

사리자여, 이 모든 법 공한 상은 나지도 않고, 멸하지도 않고, 더럽지도 않고, 깨끗하지도 않고, 늘지도 않고, 줄지도 않나니, 이 까닭에 공 가운데 색 없어 수·상·행·식 없고, 안·이·비·설·신·의 없어, 색·성·향·미·촉·법 없되 안계 없고 의식계까지 없다.

무명 없되 무명 다됨 역시 없으며, 노사까지도 없되 노사 다 됨 역시 없고, 고·집·멸·도 없으며 슬기 없어 얻음 없나니, 얻을 바 없으므로 보리살타가 반야바라밀다 의지하는 까닭에 마음 걸림 없고, 걸림 없는 까닭에 두려움 없어, 휘둘린 생각 멀리 떠나 구경열반이며, 삼세제불도 반야바라밀다 의지한 까닭에 아뇩다라삼먁삼보리 얻었나니, 이 까닭에 반야바라밀다는 이 큰 신기로운 주며, 이 큰 밝은 주며, 이 위없는 주며, 이 등에 등 없는 주임을 알라.

능히 일체고액을 없애고 진실하여 헛되지 않기에 짐짓 반야바라밀다주를 설하노니 이르되

아제 아제 바라아제 바라승아제 모지 사바하

(이 역본은 소천韶天 스님 저 『반야심경 강의』에 의함.)

摩訶般若波羅蜜多心經(廣本)

마하반야바라밀다심경 (광본)

이와 같이 내가 들었다.

한때 부처님께서 왕사성 기사굴산 중에 계실 때 여러 대비구와 많은 보살들과 함께 계셨다. 그때 부처님께서는 광대심심삼매廣大甚深三昧에 드셨다. 그때 회중에 한 보살마하살이 계셨으니 이름을 관자재觀自在라 하였고 깊은 반야바라밀다를 행할 때 오온五蘊이 다 공空하였음을 비추어 보고 모든 고액에서 벗어났다.

그때에 사리불이 부처님의 위신력을 입어 합장 공경하고 관자재 보살마하살에게 사루었다.

"선남자시여, 심히 깊은 반야바라밀다행을 배우고자 하면 어떻게 닦아야 하오리까?"

그때 관자재 보살마하살이 장로 사리불에게 말씀하였다.

"사리자여, 만약 선남자 선여인이 심히 깊은 반야바라밀다행을 행할 때는 마땅히 오온五蘊의 성품이 공하였음을 관하여야 하느니라. 사리자여, 색色이 공空과 다르지 않고 공이 색과 다르지 않아 색이 곧 공이며, 공이 곧 색이니 수상행식受想行識도 또한 다시 그러하니라. 사리자여, 이 모든 법이 공한 상은 나지도 않고 없어지지도 않으며, 더럽지도 않고 깨끗하지도 않으며, 늘지도 않고 줄지도 않느니라.

이 까닭에 공 가운데는 색이 없으며, 수·상·행·식도 없으며 안·이·비·설·신·의眼耳鼻舌身意도 없으며, 색·성·향·미·촉·법色聲香味觸法도 없으며, 안계眼界도 없으며 내지 의식계意識界까지도 없으며, 무명無明도 없으며, 또한 무명이 다함도 없으며 내지 노사老

死까지도 없으며 또한 노사가 다함도 없으며, 고·집·멸·도苦集滅道
도 없으며, 지혜도 없고 또한 얻음도 없느니라. 얻을 바가 없으므
로 보리살타가 반야바라밀다에 의지하는 고로 마음에 걸림이 없
고, 걸림이 없으므로 공포가 없으며, 전도몽상顚倒夢想을 멀리 여
의고 구경열반究竟涅槃하며, 삼세제불도 반야바라밀다에 의지하는
고로 아뇩다라삼먁삼보리阿耨多羅三藐三菩提를 얻느니라. 이 까닭에
반야바라밀다는 이것이 대신주大神呪며, 대명주大明呪며, 무상주無
上呪며, 무등등주無等等呪임을 알라. 능히 일체고액을 없애고 진실
하여 헛되지 않기에, 짐짓 반야바라밀다주를 설하노라.” 하고 곧
주를 설하였다.

“아제 아제 바라아제 바라승아제 모지 사바하.”

사리불아, 모든 보살마하살은 심히 깊은 반야바라밀다행을 이와 같이 행하느니라.

이와 같이 말씀하시니 세존께서는 곧 광대심심삼매에서 나오시어 관자재 보살마하살을 찬탄하셨다.

"옳다. 그렇다 선남자여, 그러하고 그러하니라. 네가 말한 바와 같이 심히 깊은 반야바라밀다행은 마땅히 그와 같이 행해야 하니 이와 같이 행할 때에 일체 여래가 모두 함께 기뻐하시느니라."

그때에 세존께서 이 말씀을 마치시니 장로 사리불은 크게 기뻐하였고, 관자재 보살마하살 또한 크게 환희하시고 그때 회중에 함께 있던 천·인·아수라·건달바 등이 부처님의 말씀을 듣고 모두 크게 환희하여 믿고 받아 받들어 행하였다.

서설 序說

一

반야심경의 중심사상

○

이 경은 경의 제목이 보이듯이 '반야'의 정요精要를 밝힌 대승사상이 그 중심이다.

|

'반야'란 무엇일까?

한마디로 말해서 사물의 참 도리를 사무쳐 보는 깊은 지혜다. 범부 안목으로는 흔들리고 변화무쌍한 현상에 집착하여 사물의 진상을 알지 못한다. '반야'의 지혜에 의해 비로소 그 진상이 파악되는 것이다.

여기서 정견正見이 선다. 정견이야말로 우리의 생활을 진리로 방향 짓고 또한 진리로 연결시키는 관건인 것이다. 팔정도八正道에 정견正見이 수首가 되고, 『원각경圓覺經』에 선지식善知識의 자격 요건으로서 정지견正知見을 제일第一로 삼은 이유를 알 만하다.

그러므로 구도자(求道者: 보살)가 진리의 이상향理想鄕을 성취시키는 여섯 가지 방법(육바라밀) 중에서 '반야바라밀'을 제일로 삼는

나. 반야에 의해서 나른 오덕행五德行이 바라밀(波羅蜜, pāramitā)로 승화되기 때문이다.

|

'반야의 정요精要'란 무엇인가?

그것은 일체현상적一切現象的 존재는 '없다'는 것이다. 일체 '공空'이라 한다. 공은 슈냐śūnya, 즉 수학의 0zero이다. 혹자는 공空은 '공'이 있다거나 또는 '공'이 아닌 무엇이 있다는 듯이 말하나 이는 잘못된 견해다. 공은 공이다. 아주 없는 것을 의미한다. 일체법(一切法: 현상現象)은 인연 따라 생긴 것이므로 아체我體·실체實體라는 것은 아예 없다. 이래서 제법개공諸法皆空이라 한다.

공은 아공我空과 법공法空으로 나눈다. 아공我空이란 유정有情의 개체個體 중심에 '아我'라는 실체가 없음을 말하고, 법공法空이란 일체현상은 인연 따라 생긴 것이므로 일체현상은 존재 자체가 없다는 것이다(이와 같이 말하는 것을 석공析空이라 한다).

공이란 원래 어떠한 사유가 있는 공이 아니다. 본래 현상 자체가 없는 것이므로 공이다(체공體空, 뒤에 거듭 상술詳述).

여기서 주의할 것이 있다. 대개 범부는 현상만을 인식한다. 인식되는 현상은 그 모두가 공이라 했다. 그러나 현상이 아닌 것은 공이라 할 수 없다(불공不空).

이 불공의 진실처眞實處가 불보살佛菩薩의 입각처立脚處이다. 그러므로 현상의 공을 집착하고 불공의 진실을 파악하지 못한다면 이 공은 죽은 공이다. 오히려 공에 걸려 죽은 것이다. 그래서 이를 가리켜 편공偏空이니 완공頑空이니 악취공惡取空이니 한다. 공은 공이므로 공도 공해서 공이라는 말이나 생각을 일으킬 여지가 없다. 있다면 망설妄說이다.

여기서 불공의 진실상을 발견한 그것이 대승불교의 출발이다.

대승大乘이란 무엇인가.

범어梵語의 마하야나mahā-yāna는 '큰 수레'라는 뜻이다. 미혹의 현실에서 진리인 피안彼岸에 이르게 하는 야나yāna, 즉 부처님의 교법을 말한다. 그러므로 원래는 부처님의 교법, 그 모두가 마하야나다. 그러나 오늘날의 대승의 의미는 변화되었다.

불멸 후, 부처님의 언행言行을 직접 전승하는 원시불교와 그의 주석적 연구에 치우친 부파불교로 나뉜 뒤, 따로 부처님의 각행覺行을 중심으로 한 보살불교가 융성하였다. 이 각행 위주의 보살불교의 우월성을 표방하는 의미로 스스로를 마하야나라 부르고, 다른 교법을 히나야나(hinā-yāna, 소승小乘)이라 함에서 비롯된다.

대체로 소승小乘을 자기 해탈을 목적으로 한 자조자오自調自悟의도道라 한다면, 대승은 각覺의 적극적인 행行을 중시한 보살의 노라 할 것이다. 흔히들 대승을 자리이타自利利他의 도라 하나, 대승에 있어서의 '자自'는 곧 '타他'요 '타'가 즉 '자'여서 자타가 분립分立할 수 없는 것이 대승의 입각처다. 개個가 전全이요, 전이 개이면서 개와 전을 각각 살리는 이른바 쌍조雙照의 이理가 대승이다. 그러므로 대승은 '바라밀행'을 의미하며 바꾸어 말하면 근원적 실재實在의 전성 개현全性開顯이라는 성격을 갖는다. 반야심경은 이와 같이 반야 공관般若空觀에 입각해 중생의 무실성無實性과 존재의 허망성虛妄性을 척결하고, 불공의 대법大法을 현발하여 진리의 현전現前을 목적하는 교법 체계라 할 것이다.

　　종래의 통설에 의하면 반야는 공을 설한 것이며 대승의 입문이다. 제법실상諸法實相을 설한 법화사상法華思想을 구경의 대승이라 한다. 그러나 실로는 반야에서 진리당체眞理當體가 전체현성全體現成하고 반야의 이理를 통해 실상은 비로소 정립되는 것이므로, 선후 우열을 논할 여지가 없는 것이다.

二

반야般若의 의의

○

반야는 중생의 미혹으로 야기된 현상계에의 속박을 타파하고 진리 본구本具의 완전 원만성圓滿性을 현실 위에 구현시키는 데 근본 의의 가 있다. 그러므로 우리는 반야를 통해 정견正見을 세우며, 정견에 의 해 굳건한 믿음과 명확한 이해로써 현실적 행동의 구체적 지표가 제 시된다. 여기서 반야는 진리의 행동화라는 구체성을 지니는 것이다. 그러므로 반야는 진리의 뒷받침이 된 대행大行의 전개를 의미한다. 이것이 반야행이며 창조행이다. 거듭 말해서 대행이 즉 반야의 내용 이라는 것이다. 그런데 오늘날 필자가 보기에는 이러한 반야의 의미 는 크게 등한시되어 있어 보인다.

　반야에서 공을 관觀하며 실교實教에서 보살도를 염하되 이것이 관념화觀念化되고 있는 것이다. 각覺이 관념화되고 명상이나 '반야 삼매' 속에서 파악되거나 또한 그것이 파악되어야 할 대상으로 인 식될 때, 거기에서 불교는 명상이나 삼매를 거쳐 파악되는 종교가 되고 만다. 동시에 그것은 범부와는 거리가 있는, 마땅히 앞으로 얻 어질 진리로 남아 있게 된다. 이런 종교는 행동이 결여된 하나의 '수

도하는 종교'로 그칠 수밖에 없게 된다. 이러한 삼매 속 진리를 파악하기 전에는 오직 고결한 수도인의 규율이나 생활이 있을 뿐이다. 거기에는 진리를 구체적으로 전개하는 행行은 없게 된다.

원래 행은 즉시 역사를 창조하는 것이며, 역사적 현실을 움직이는 실질인 동시에 동력動力이다. 그러므로 행은 역사성·사회성과 직결된다. 행이 없다는 것은 곧 역사의식의 결여를 의미한다. 대개 역사의식·사회의식이 없는 종교는 그 사회를 번영으로 이끌 능동적이며 창조적인 힘이 없는 것이다. 현실을 진리에로 개혁할 의지가 없기 때문이다.

어째서 명상 속 진리를 찾는 종교에서 현실을 개혁할 의지가 없게 되는 것일까? 그것은 이상사회라 할 진리세계는 이미 명상 또는 삼매 너머에 완성되어 있는 것이며, 이것은 행동을 통해 이루어지는 것이 아니라 삼매나 정신수양을 통해 얻어지는 것으로 생각하기 때문이다. 그래서 거기에는 이 땅의 영광을 위한 행동이 나올 여지가 없게 된다.

불교는 이런 것이 아니다.

공空이라는 진리에 도달하는 관문을 개념화槪念化하고 진리는 공을 거쳐 장차 얻어지는 것으로 생각하는 한, 진리는 언제나 공이라는 장벽에 막혀 있어 우리와는 격리될 수밖에 없다.

만약 불교와 반야를 이와 같이 이해하는 이가 있다면, 불교에서 역사의식·사회의식을 찾는다는 것은 연목구어緣木求魚다. 그런 믿음으로는 사회가 발전하기 극히 힘들다는 결론이 나온다.

그러므로 반야를 올바로 이해한다는 것은 역사와 사회를 광명화光明化하고 활력을 부여하는 데 결정적 의의를 갖는 것이다. 동시에 개인의 생활자세를 긍정과 부정, 피동과 능동, 소극과 적극, 행동과 관념, 낙관과 비관으로 결정하는 관건이 된다.

만약 오늘날의 한국불교가 소극과 회피로 역사적 현실을 외면하거나, 안이安易한 현실긍정으로 구체적이며 창조적 열의를 결여했거나, 또는 영예로운 국가와 민족을 건설하고 나아가 세계 평화 번영을 위한 적극적인 책임감과 행동이 저조하다면, 그것은 반야에 대한 그릇된 인식이 그 일반一半의 이유가 된다고 보지 않을 수 없다.

불교로 하여금 행이 없는 종교로 전락시킬 수 있는 요인은 이 밖에 또 하나 있다. 그것은 불공不空의 진리는 오도悟道한 특별한 사람에게만 있는 경계라고 자굴自屈하는 점이다. 그리하여 불공의 실질은 '미지未知'와 '불가득不可得'과 '알 수 없는 것'으로 묻어두고 바라보기만 하는 것이다. 설혹 도덕적 선행善行이라 하더라도 이것은 모두가 유루인(有漏因: 번뇌의 한 형태)이며 생사의 근원이라 하여 행이 없는 관념 속에 침잠沈潛하는 것을 최고 가치로 삼는다.

부처님은 불공의 무진행無盡行 실상청정행實相淸淨行을 말씀하신다. 그런데도 만약에 분分이 아니라고 회피하며 그것은 오悟 후의 일이요 달도達道한 사람의 경계라 하여 외면하는 일이 있다면, 이것이 행동의 불모지가 될 또 하나의 요소가 된다.

우리는 마땅히 반야의 참뜻을 바로 알아 '바라밀'의 대행을 전개할 것을 명심해야 하겠다.

三
반야심경의 구조

○

심경은 대체로 사분四分하여 말할 수 있다. 입의분立義分, 파사분破邪分, 공능분功能分, 총결분總結分이다.

|

처음 입의분은 반야바라밀다에서 보니 일체현상(오온五蘊)은 공하였다는 정언定言이다. 그래서 일체고액一切苦厄에서 해탈했다는 것이다. '관자재보살觀自在菩薩'에서 '일체고액을 건넜어라[度一切苦厄]'까지가 이에 해당한다.

다음의 파사분은 반야 공관으로 현상과 가치와 방편적 교법시설教法施設을 비춰 보는 것이다. 여기서 물질현상이 공이요, 공이 곧 일체현상이다. 이와 같은 공성은 일체에 미만彌滿하여 육근六根, 육진六塵, 육식六識, 십이인연법十二因緣法 내지 사제법四諦法까지도 도무지 없는 것임을 노정露呈시킨다. 그리하여 마침내 무소득공無所得空을 드러내는 것이다. 색이 공과 다르지 않으며 공이 색과 다르지 않다. '색불이공 공불이색色不異空 空不異色'에서 지智도 없고 얻음도 또한 없다. '무지역무득無智亦無得'까지가 이에 해당한다.

셋째로 공능분功能分은 이와 같은 오온과 십팔계十八界, 교법敎法까지도 반야광명 앞에서는 존재성이 공허함을 들어 보이고는 거기에 현전現前된 경지가 어떤 것인가를 설명한다. 그것은 마음에 걸림이 없어 자재무애自在無碍하여 마침내 대안락지大安樂地에 이르러 성불成佛함을 밝히는 것이다.

끝으로 총결분總結分은 반야바라밀다가 진리실상지眞理實相地의 무한한 공덕을 현출現出시키는 대위력의 소재所在임을 결론한다. 그리고 이는 참으로 진실함을 거듭 다지고 이와 같은 최고 구극의 진리에 도달한 '각의 경지bodhi'를 구명한 결정적 찬구讚句로 일경─經을 맺는다. 이것은 경의 끝부분 '반야바라밀다는 대신주大神呪며 대명주大明呪'에서부터 진언眞言까지가 이에 해당한다.

四
반야심경의 서분

○

원래 경에는 육성취(六成就: 신信, 문聞, 시時, 주主, 처處, 중衆)가 갖추어 있는 법이다. 이것이 법장결집法藏結集의 원칙이다. 반야심경도 마찬가지다. 그런데 오늘의 약본略本은 그중 서분序分과 유통분流通分이 생략된 것임을 앞서 말하였다.

지금의 약본이 정종분正宗分으로서 이 경을 설하게 된 경위, 특히 발기분發起分이 생략되어 있으므로 이 경이 가지는 뜻을 보다 명료하게 이해하려면 불가불 이에 관해 언급하지 않을 수 없다.

1. 광본심경廣本心經의 서분

한역 광본은 다섯 가지 종류를 볼 수 있다. 그중 서분에 해당하는 부분이 각기 약간의 차이가 있으나, 여기서는 반야 역본을 인용하기로 한다.

이와 같이 내가 들었다. 부처님이 왕사성 기사굴 산중에서 많은 대비구와 보살들과 함께 계셨다.

그때 세존께서 삼매에 드시니 그 이름을 광대심심廣大甚深이라 한다.

그때에 회중 가운데 한 보살마하살이 있었으니 이름을 관자재라 하였다. 깊은 반야바라밀다를 행하였을 때 오온五蘊은 모두가 공하였음을 조견照見하고 모든 고액苦厄에서 벗어났다.

그때에 사리불이 부처님의 위신력을 입어 합장하고 관자재 보살에게 말씀드렸다. "선남자여 만약 심심甚深한 바라밀다의 행을 배우고자 하면 어떻게 수행하오리까?" 이와 같이 물으니 그때에 관자재 보살마하살은 말씀하셨다.

"사리불이여, 만약 선남자 선여인이 심심한 반야바라밀다 행을 행할 때는 마땅히 오온의 성性이 공하였음을 관觀할지니라." (이하 생략)

이상이 광본심경의 서두이다. 대개의 역본이 같다. 다만 세존이 드신 삼매에 관해 반야 역본譯이 광대심심廣大甚深이라 한 데 대해 타본他本이 '심심명료甚深明了', '광대심심조견廣大甚深照見' 또는 '심심광명선설정법甚深光明宣說正法'이라 한 점이 다르다.

2. 서분序分의 의의

여기에서 이 경의 서분은 다음과 같은 중요한 의의를 가지는 것을 알 수 있다.

첫째, 이 경은 부처님께서 '광대심심'이라는 삼매에 드신 가운데 설해진 것이다.

둘째, 이 경은 사리불 존자가 부처님의 위신력을 입어서 관자재보살에게 물은 데서 설하게 된 것이다.

셋째, 이 경은 관자재보살이 심심한 반야바라밀다를 수행한 방법을 설한 것이다.

결국 이 경은 부처님께서 중생들을 성숙시키고자 하시는 대비원력大悲願力에 의해 관자재보살이 이룬 대자재해탈의 경지를 살펴시게 되고 그리고는 대삼매의 위신력으로 사리불 존자로 하여금 대자재를 성취하는 방법을 관자재보살에게 묻게 하신 데서 비롯된 것이니, 이 경이 부처님의 곡진하신 대자비 원력의 소산所産임을 알게 한다.

그리고 여기 설하는 바 법이 관자재보살이 이미 증득證得하신 바를 설한 것이며, 또한 그것이 부처님께서 삼매 중에 계시면서 이를 증명하신 절대무류絶對無謬의 설법이라는 사실이다.

이상으로 반야심경이 '바라밀'을 성취하고자 하는 모든 사람이 의거依據할 결정적 요전이라는 사실을 거듭 수긍하게 한다 하겠다.

본설 本説

이제까지는 반야심경의 선설 경위와 사상 주변을 별견瞥見하였다. 이하에 본경에 들어가 경제、임의분、파사분、공이분、총결부으로 나누어 약간의 설명을 붙인다.

경제

經題

심경의 이름이 우리에게는 마하반야바라밀다심경으로 통한다. 그러나 범본梵本에는 이 경 제목이 없고 다만 경의 끝부분에 '반야바라밀다의 심요를 마친다prajñā pāramitā-hṛdayaṃ samaptām'라 되어 있는 것을 현장玄奘이 번역하면서 경 머리에 '반야바라밀다심경般若波羅蜜多心經'을 가져온 것이다. 그래서 현장 역 심경에는 '마하摩訶'가 없는데, 타본의 '마하'를 인용해서 오늘날의 관행본慣行本이 된 것으로 보인다.

一
경제經題에 숨은 대의大義

◎

반야심경 경목 열 자를 살펴보면 그 안에 불법대의佛法大義가 온전히 드러나 있음을 알게 된다.

'마하'는 대개 대大, 다多, 수승殊勝 등 여러 뜻을 가진다. 그러나 실제에서는 그런 말이 마땅하지 않다. '마하'란 본심, 즉 불성의 일면을 말한 것이기 때문이다. 원래 본심은 대, 다, 수승으로 표현되기 이전자이니 이는 절대 비할 데 없는 무한자이며 무비자無比者다. 이 형언을 절絶한 대大를 마하라 한다.

반야prajñā는 흔히 지혜로 번역한다. 이는 우리가 진실생명지地에 도착하였을 때 드러나는 구극적 예지이다. 진실생명을 전성적全性的으로 투시하고 분별하고 현전시켜 인식하는 근본지根本智다. 여기서 분별지(分別智, vijñāna)와 구별된다.

二
반야의 양면

O

반야는 인간 진실생명에 본래 갖추어 있는 지혜의 빛이다. 그러므로 참된 자기를 완성한, 즉 성불하는 데는 이 반야의 개명開明이 무엇보다 앞선다.

반야를 착각해 망실忘失하거나 매몰埋沒한 데서 무명無明과 고난의 중생계는 벌어진다. 그러므로 반야가 중생고난을 초극하는 다시 없는 기장器仗이 된다.

동시에 반야는 인간 실상 본구本具의 대위덕大威德 대자재大自在의 실질實質을 현발하는 관건이다.

여기서 반야를 실상반야實相般若, 관조반야觀照般若, 방편반야方

便般若, 문자반야文字般若로 나눌 수 있다.

반야지智에서 드러난 진실절대眞實絶對의 실상을 실상반야라 하는데, 이것은 무상자성無相自性의 자기조파自己照破다. 반야지로 진실절대한 자성내실自性內實을 조명照明하는 것을 관조반야觀照般若라 하는데, 이는 자성공덕自性功德의 자기긍정自己肯定이다. 무상자성을 구동驅動해 무량공덕을 시현示現하는 지혜를 방편반야라 하고 실상반야, 관조반야를 선설하신 경전이나 말씀을 문자반야라 할 것이다. 이 네 가지 반야에 대해서는 종래 다른 설명이 있으나 필자는 이를 취하지 않는다. 반야는 본시 근본지根本智이며 자성견自性見이며 본분광명本分光明이므로, 반야의 전개를 통한 대행大行의 전개展開는 바로 네 가지 반야의 유감없는 발휘를 의미하는 것이다.

三
인간실상人間實相으로서의 바라밀波羅蜜

O

'바라밀(波羅蜜, pāramitā)'은 완전pāram에 도달한 상태itā를 의미한다.
종래 도피안到彼岸 또는 도무극度無極이라 번역했다.

반야에 의해 현전한 절내의 경세를 말한나 하겠나. 즉 신리의 세계를 의미하며 우리의 본래실상本來實相, 진여법성眞如法性에 도달하고 무한공덕이 구전俱全한 대해탈大解脫의 상태다. 그러므로 바라밀을 '피안pāram에 이른itā다'는 의미로 해석하는 것은 바라밀의 내포內包를 충분히 말한 것이 못 되는 것이다.

실로 바라밀의 경계는 실상경계實相境界다. 대해탈大解脫, 대자유大自由, 무한능력無限能力, 대조화大調和가 원만구족圓滿具足한 진리 본연의 경계다. 우리의 생명이 연원淵源하고 있는 본원경지本源境地다. 그러므로 바라밀은 인간에게 있어 구극의 이상향이며 구원생명久遠生命의 본 고향이다. 진실생명의 원형原型인 것이다.

바라밀이야말로 우리가 마땅히 이르러야 할 곳이며 생명이 근거根據하고 있는 근본 소지素地다. 그러므로 우리는 바라밀이 바로 인간 본분임을 명념하고 염념念念히 바라밀의 주체성을 파악하고 그 본의를 발휘해야 하겠다.

심(心, hṛdaya)의 원뜻은 심장이다. 그것이 의미하는 것은 정수精髓요 정요精要이다.

경經은 영원히 일관一貫 불변하는 법이며, 부처님의 말씀이며, 곧게 이르는 지름길이다. 본래 부처님의 가르침은 법(法, dharma)이라 하지만, 그중 부처님의 가르침의 강요綱要가 되는 글을 수다라(修多羅, sūtra)라 하고 경經이라 번역한다.

四

결언結言

◎

이상에서 이 경이 가지는 내포內包가 무엇인지 드러났다. 반야의 대지
혜 광명에 의해서 바라밀波羅蜜의 완전무결한 존재실상을 해명하는
정요精要를 설한 만고불변萬古不變의 진리자眞理者의 말씀인 것이다.
이렇기 때문에 심경을 삼세제불의 심요心要라 해도 과언이 아니다. 이
일경一經을 통해 즉시 일체 불법의 핵심에 투입하게 되는 것이다.

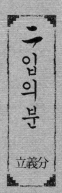

二 입의분

立義分

입의분이 심경의 정설定說이다. 이곳에서 반야의 대의大義는 선설된다.

관자재보살이 깊은 반야바라밀다를 행하여 오온 모두가
다 공하였음을 비춰 보고 일체고액을 건넜느니라.
觀自在菩薩 行深般若波羅蜜多時 照見五蘊皆空 度一切苦厄

一

대비세존의 자비방편

○

앞서 서분序分에서 본 바와 같이 이 대문은 관자재보살이 심심甚深한
반야바라밀다를 행하여 우리를 둘러싼 일체 경계 오온五蘊이 모두가
본래 공하였음을 요견了見하였다는 사실을, 이 경의 결집자인 아난(阿
難, Ānanda)이 기술한 격이다. 다시 말해서 이 대문은 관자재보살의 자
설自說이 아니라, 아난이 관자재보살이 체득하고 이미 경험한 사실을
기록한 것이다. 동시에 관자재보살의 이와 같은 사실은 부처님이 특
별히 살피시는 바 되어, 부처님께서 사리불에게 위신력을 입혀서 관
자재보살에게 이와 같은 대지성취법大智成就法을 설하도록 묻게 하는

것이다. 여기서 이 경이 나오게 되었고 아난은 이 경을 결집結集하게
되었다. 참으로 지극하신 부처님의 대자비이며 대지혜이시다.

二

대지구현자大智具現者 — 관자재觀自在

◎

관자재보살은 구마라집Kumārajīva 역에서는 관세음보살이라 하는 대
보살이다. 원어는 아바로키테슈바라Avalokiteśvara로 관자재라는 뜻
이다. 관세음이라 한 것은, 『법화경』 보문품에 "혹 많은 중생들이 고
뇌에 빠졌을 때 관세음보살을 일심으로 부르면 관세음보살이 곧 그
음성을 관하고 다 해탈을 얻게 한다." 한 것처럼 관자재보살이 '중생
의 음성을 관觀하는 대자비행'에서 전칭轉稱한 것이다.

관자재보살은 그 이름이 보이듯이 일체에 자재하다. 중생의 번
뇌에 기인하는 현상에서 해탈하고 근본 예지에서 자신을 시현한다.
그러므로 경에는 십사무외력十四無畏力과 삼십이응신三十二應身으로
현상계에 대자재 대자비의 위신력을 나툰다 한다. 그러나 실로는
대지大智 대자大慈 무외無畏의 위신력일 뿐이다. 그것은 무한이다. 수

로 헤아릴 수 없다. 왜냐하면 관음위신력은 바로 구원생명久遠生命
의 무한진동無限震動이기 때문이다.

　관음보살은 구름에서 벗어난 달처럼 일체에서 훤칠하게 뛰어
났고, 푸른 하늘에 걸림 없이 빛을 터뜨리는 태양처럼 절대 자재하
다. 천수천안으로 부르듯이 일체지자一切智者며 일체견자一切見者며
무애력자無碍力者이다. 실로 관자재자觀自在者이다.

三
'보살'은 현재의 불광 시현자

〇

보살이란 무엇인가? 이는 보디사트바bodhi-sattva의 준말인데, 각유정
覺有情 또는 도심중생道心衆生이라 번역된다. 진리를 구하고 중생을 이
익되게 하는 수행자를 의미한다. 이와 같은 도심道心으로 수행하는
자는 마침내 도심의 구극究極을 완성하게 되니, 이것이 성불이다. 그
러므로 보살은 바로 미래불이며 동시에 도심의 한 표현이기도 한 양
면이 있다. 미래불인 때는 오늘의 미완성을 의미한다. 그러나 도심의
표현일 때는 그에게 이미 도심이 구전俱全되어 있는 것이며, 그 표현

을 제한하고 있는 도심의 한 형태다. 이것이 오늘날 현상계에 있어서 보살의 광명적 존재를 의미하게 된다.

보살의 칭호는 원래 부처님의 성불 이전 수행자 때 칭호였다. 그러나 중생은 누구나 그 본성이 불성일진대, 누구나 오늘의 수행을 통해 성불로 진행하고 있으며 동시에 오늘의 수행은 즉시 성불 광명의 개현이라 아니할 수 없다. 그러므로 불법을 믿고 수행하는 자는 누구나 다 보살이다. 가는 곳마다 광명적 존재라 할 것이다.

四
관자재의 위력은 반야에서

◎

관자재보살이 어떤 경지의 수행자인가는 앞서 이미 말했다. 그는 구세대사救世大士이며 대비성자大悲聖者이다.

경에는 포외급난怖畏急難에 빠진 일체 중생에게 능히 무외無畏를 베품으로 호號를 시무외자施無畏者라 한다 하였고, 고뇌중苦惱中에 있는 이에게 능히 의호依怙가 되니 중생은 모두가 항상 관세음보살을 생각에 두라고 말씀하신다.

관세음보살의 이와 같은 위신력은 어떻게 하여 얻게 되는 것일까?

그것은 심심甚深한 반야바라밀다를 수행하는 데서 온다고 가르치신다. 그렇다. 관자재보살도 이 반야바라밀다로 '관자재'를 이루었고 우리도 또한 반야바라밀다로 수행하여 이 위신력을 이룰 것이며 일체 불보살과 함께하게 될 것이다.

五
반야를 수행하는 방법

◎

그러면 '깊은 반야바라밀다를 수행한다' 함은 어떤 것일까?

앞서 반야는 본심의 자성自性 조파照破라 했다. 그래서 반야는 범부변凡夫邊에서 말하면 현상現象을 넘어선 본지本地의 광명光明이다. 이 본지 광명은 인간자성의 본구本具인 것이다. 다만 범부는 현상계現象界·감각계感覺界에 집착하고 여기에 걸려서 현상이나 감각이 아닌 자성 본지本地를 알지 못한다.

반야바라밀다는 반야, 즉 자성본지의 광명으로 자성 자체를 조명하는 것이므로 여기에는 일체현상이며, 감각이며, 가치며, 우리가 지각하고 인식하는 것은 없다. 오직 자성 자체의 무한, 원만, 구족, 안온, 자재의 경계가 절대적이며 무상無相인 형태로 현존한다.

이와 같은 자성 본지의 경계, 즉 바라밀의 경지는 닦거나 어떻게 하거나 또는 밖으로부터 얻어지는 것이 아니라 자성생명의 본래 상태이다. 이것이 반야바라밀다이다. 다시 말해서 반야는 자성의 자기 확인이며, 바라밀은 반야에 의해서 드러난 인간 본성지이며 현존이며 만유의 실상이다.

그러므로 이와 같은 반야바라밀다를 행한다는 것은 무엇을 어떻게 하는 것이 아니다. 생각을 일으켜서 얻는 것이 아니며 어떻게 계교를 부려서 들어가는 것도 아니다.

얻는 것도 아니며 들어가는 것도 아니다. 말끔하고 명랑한 본분지本分智 그대로 있는 것이다. 일체 경계를 두지 않는 것이며, 일체 존재나 인식이 없는 것이다. 왜냐하면 본분실상을 잃은 것은 경계 등 망경妄境을 취한 때문이니, 망경을 취함이 없을 때 반야는 낭연히 드러나는 것이다.

이와 같이 일념一念이나 일호一毫의 들거나 나거나 얻음이 없는 반야바라밀다는 필경 반야바라밀 자체도 있음이 없는 것이니, 여기에 진실 바라밀의 현장現場이 노정露呈된다. 여기에서는 일체가 반야바라밀일 수밖에 없다. 모두가 자성의 본분활동本分活動이며 반야대행般若大行이다. 이와 같이 반야바라밀다는 행하는 것이다. 만약 반야바라밀다를 닦고 들어감에 일동一動·일정一靜·일념一念이라도 있다면 이는 사법邪法이다. 반야가 아니다.

일언이폐지一言而蔽之 하면 본래 본심대로의 안립安立이 반야바라밀다를 행하는 것이며, 자성실상自性實相의 개현이 반야바라밀다를 운용하는 것이며, 청정본심淸淨本心을 현발現發하는 것이 반야바라밀다를 수행하는 것이며, 일체 경계에 상이 없는 무진만행無盡萬行을 전개하는 것이 반야바라밀다를 궁진窮盡하는 것이다.

경에는 "깊은 반야바라밀다"라 했다.

반야에 깊고 얕음이 있다는 말일까?

아니다. 심심深 또는 심심甚深이라 하면 감비라gambhīra인데 이 형용形容은, 육바라밀[布施, 持戒, 忍辱, 精進, 禪定, 知慧] 중의 하나인 지혜바라밀다를 의미하는 것이 아니고, 이들 모두를 포함하는 반야바라밀임을 분명히 하기 위함이라는 것이 통설이다.

六

일체현상은 공空이다

〇

이와 같은 깊은 반야바라밀다에서 본 이 현상계는 어떤 것일까?
경에는 "오온五蘊이 모두 공하였음이 드러났다." 하였다.

오온이란 무엇인가? 오온은 판차 스칸다pañca skandha인데 '다
섯 가지 집합集合'이라는 뜻이다. 즉 물질적 현상[色]과 정신작용[受
想行識]의 총체를 가리킨 말이다. 좀 더 자세히 말하면,

색色은 루파rūpa로서 물질적 현상으로 존재하는 그 모두다. 루
파rūpa는 형상적인 것[rūp]을 의미하며 동시에 허물어지는[rū] 것, 변
화하는 것이라는 뜻을 내포하고 있다. 따라서 색은 모든 물질, 육체,
일체형상적 존재, 유위변천有爲變遷하는 현상계를 총칭한다.

수受는 베다나vedanā. 감수感受, 감각을 말한다.

상想은 삼즈냐saṃjñā. 모두[saṃ]를 안다[jñā]는 뜻이다. 지각知覺,
표상表象이라 번역한다.

행行은 삼스카라saṃskāra. 정신작용이 일정한 방향으로 작용하
는 측면을 말하는 것으로 의지意志와 가깝다.

식識은 비즈냐나vijñāna. 여기서는 육식六識의 총칭이다. 육식

은 안이비설신의眼耳鼻舌身意 등 6종의 감각작용. 색성향미촉色聲香味觸·마음의 대상 등 6종의 경계를 인식하는 작용을 말한다.

　오늘날 우리 주변에는 인간과 세계에 대한 여러 이설異說을 볼 수 있다. 근원적 존재는 물질적인 것이라느니, 생산형태生產形態라느니, 정신精神이라느니, 또는 물질과 정신이 결합한 것이라느니 한다. 고대 인도에서도 역시 그랬던 것이며 그중 통설이 오온설五蘊說이었다. 그래서 여기 경에서도 인간과 그 환경 및 우주 전체를 말할 때 오온으로 표현하였고, 이들 세계 현상을 반야바라밀다에서 보니 공空하다 한 것이다.

七
두 가지 입장―석공析空과 체공體空

ㅇ

'공했다' 함은 무슨 말인가?

　공空은 앞에서도 말한 바와 같이 슈냐타śūnyatā, 즉 '없다'는 뜻이다.

　우리의 주변과 자신과 세계가 이와 같이 엄연한데 어찌 없다는 것일까?

반야안般若眼은 어떤 색맹色盲처럼 오온이 존재함에도 못본다는 말인가?

이에 대해서는 종래 몇 가지 논의가 있었다.

첫째는 석공析空의 입장立場이다.

현상現象은 있는 듯하지만 실제로는 유정有情의 개체個體에는 아체我體라 할 중심이 없으며, 그것은 필경 미망迷妄으로 인한 망령된 집착이 취사계교분별取捨計較分別하는 데서 있는 듯이 나타나는 것이다[人空 偏計所執性空].

동시에 모든 존재하는 것도 존재성이 없다.

왜냐하면 모든 존재는 인연의 가합假合에서는 있는 듯이 나투지만 실체라고는 없으며, 인연의 가합성假合性이란 염념念念히 전변轉變하여 자체의 고정성固定性이 없어 부단히 공을 실현하는 가유假有라는 것이다. 그러므로 존재는 허망하며 실로 없는 것이라 설명한다[依他起性空].

다음은 체공體空의 입장이다.

반야의 당처當處, 즉 진여眞如 법성法性의 실상지實相地에서 볼 때 일체 존재며 현상이란 아예 없다는 것이다.

전자前者, 석공析空의 입장이 현상이라 가유假有라는 형태로도 있는 듯이 설명하는 데 비해 여기서는 가히 분석하거나 검분할 가유마저도 아예 없다는 것이다.

이 체공의 입장이 대승大乘의 공空이라 함은 앞에서도 설명한 바 있다.

八
불공처가 보살의 주소이다

○

그런데 필자는 서론에서 심경의 중심사상에 관해 언급하면서 현상인 오온五蘊 모두가 공하다(없다) 했지만 현상이 아닌 것은 공이라 할 수 없다. 불공不空이다. 이 불공처不空處가 보살의 입각처立脚處라 말하였다.

우리는 여기서 이 불공처에 대해 좀 더 생각을 진행시킬 필요가 있다. 대개 현상이라는 것은 인식과 사유내재思惟內在이다. 그것은 근본적으로 인식주체의 관념색觀念色으로 착색된 것이며 순수본성純粹本性은 이미 오염된 뒤의 것이다. 그러므로 인식 이전자以前者, 사유思惟 이전자, 관념적觀念的 오염汚染 이전의 원성자原性者는 우리의 말과 생각으로 이를 수 없는 절대지絶對地이다. 이곳은 실상實相이요, 법성이요, 본연지本然地다.

불보실의 주소지住所地는 바로 이곳이며, 청정과 창조 위력의 근원이 바로 이곳이다. 서론에서는 아쉬운 대로 '불공'이라 말하였지만 이 본원本源 실상지實相地와 공성空性과는 어떤 관계를 가지는 것일까? 생각할 필요가 있다.

이곳은 범정凡情의 촌탁忖度이 이를 수 없는 곳이다. 그러므로 이곳은 범정凡情의 관념소산觀念所産인 유무有無를 초월한 곳이며, 범인凡人의 인식과 그 의미 내용과는 판이한 별개의 경지임은 능히 짐작할 수 있다. 이곳에는 법칙도 원리도 논리도 사리도 경험법칙도 시간의식도 공간의식도 통용되지 않는다. 왜냐하면 범부의 인식이나, 그에 따른 가치평가나 의미하는 것은 그 모두가 망정소산妄情所産이며 실제로는 없기 때문이다.

앞서 현상이 아닌 것을 불공이라 한 것은, 현상에서의 의미가 공한 것이나 현상 이전자는 현상의 공과는 다르다는 뜻을 말한 것이다.

九
공空이 의미하는 것

○

그렇다면 실상지實相地는 어떤 것인가를 말할 수밖에 없게 되었다.

실상지는 그 진성眞性이 불성佛性이다. 그 존재성은 절대이며 무한이며 자재自在 자존自存한다.

그러므로 현상에 있어서의 유무有無나 질애質礙나 의미나 한계성限界性이 존재할 수 없다.

그러므로 이 실상지에는 공성空性이 성성惺惺하다고 아니할 수 없다[圓成實性空].

이 실상지의 공성, 이것은 존재의 공허성空虛性을 말하는 것이 아니고 한계와 의미의 부재不在를 의미한다. 바꾸어 말하면 인간주체人間主體·본아本我의 자유, 자율自律, 자존성自存性을 의미한다. 이러한 실상지를 종래 진공묘유眞空妙有라 하였다. 이 묘유妙有, 즉 실상實相이 내실內實, 내포內包하는 것이 어떤 것이냐에 대해서는 뒤에 관자재보살의 말씀이 있으므로 그때 가서 말하기로 하겠다.

✛
참된 인간조건

○

이상에서 현상은 없는 것이며 의미 내용은 공한 것임을 알게 되었다. 이렇게 현존現存이 우리가 인식하는 현상뿐이라면 인생은 슬퍼하고 염세厭世하고 절망絶望 속에 울어 마땅하다. 비관悲觀이 인생에 대한 정관正觀이리라.

그러나 오온 현상은 공했으나 오온 이전의 근원자根源者인 우리의 본원생명本源生命은 여여부동如如不動이다. 오히려 오온 현상이라는 유한有限과 장애와 고난과 변멸과 생사生死와 그밖에 모든 불여의不如意한 현상이 없음에서 우리는 일체 부자유에서 해탈하고 대자재大自在 원만성圓滿性이 명랑하게 드러나는 것이다.

경經 말씀에 "관자재보살이 오온이 공하였음을 비춰 보고 일체 고苦와 액난에서 벗어났다" 함은 이를 가리키는 말씀이다.

우리는 여기서 두 가지 점을 착안할 수 있다.

첫째, 인간은 오온이라는 현상적 존재가 아니라는 사실이다.

인간은 물질과 정신의 결합체라는 생각은 잘못이다. 인간은 물질이나 감각의 충족充足으로 인간이 완성되거나 행복해질 수 없다.

오온은 가상假象이며 현상이지 실체가 아니다.

그런데도 우리는 현상적인 물질과 감각과 그러한 망견妄見으로 인한 가치의 포로가 되어 얼마나 인생을 낭비하고 고뇌를 자작自作하며, 망동妄動을 추구하고 자기를 매몰埋沒, 오손汚損, 타락, 모독시키고 인간을 상실하고 또한 배반했던가. 그래서 인생고人生苦를 알뜰하게 수획收獲했던가.

인간조건이란 결코 물질의 풍요한 축적이나 관능官能의 충족보장充足保障이나 외계의 정복이나 자아도취自我陶醉에 있는 것이 아님을 알아야 할 것이다. 오히려 그러한 결과는 인간심지人間心地를 황량화荒凉化하고 불안을 안겨 주고 적막寂寞한 공동空洞을 조성해 주는 결과밖에 안 된다. 여기에는 인간이 자기생명을 실현코자 하는 충동은 더욱 파괴적으로 일어나 새로운 도발과 발작은 계속되는 것이다. 누구나 이 점은 오늘날의 세상을 살핀다면 수긍이 갈 것이다.

十一
바라밀의 조성식組成式과 공능功能

둘째로 착안할 점은 '일체고액一切苦厄을 건너는 방법'에 대해서이다. 경 말씀에 "관자재보살이 반야바라밀다로 오온을 비춰 보니 오온이 공했더라. 그래서 일체고액에서 해탈하였다." 하고 있다. "반야바라밀다로 오온을 비춰 본다" 함은 어떤 것일까?

반야바라밀다는 구경의 진리처에 도달한 상태, 즉 실상국토實相國土이며 본원각성자체本源覺性自體를 말하는 것이다. 이를 바라밀이라 한다. 그러므로 여기에는 범정凡情으로 짐작할 수 있는 존재나 의미는 하나도 없다. 무상無相으로, 무의 형식形式으로 무한과 자재와 만족이 충만하다. 이 바라밀만이 있다. 바라밀의 경계 밖에 다른 것이란 없다. 물론 범정凡情으로 촌탁하는 유有나 무無도 있을 수 없다.

그러므로 유에 속하는 오온이 있을 리 만무하다. 오온이 없는데 어디에 물질이며 육체며 정신현상을 찾아볼 수 있을까. 물질이며 육체며 일체 정신현상이 없는데 고통이나 액난이 무엇이기에 어디에 있다는 것일까. 참으로 이름뿐이기는커녕 그 이름조차 없는 것이다.

관자재보살은 이와 같이 오직 반야바라밀다에 처處함으로써 일체고액에서 벗어났다. 여기의 반야바라밀다에 처한다는 것은 어떤 특이한 곳으로 가는 것이 아님은 이미 말한 바이다. 실로 자체본지自體本地에 안립安立함을 말함이다.

이것을 자수용삼매自受用三昧라고도 한다. 이것은 거듭 말하지만 인간의 본분지本分地이다. 본래 상태다. 유무有無, 번뇌, 득得, 실失, 수修, 증證 등 후천적 첨가添加현상 이전의 천진면목天眞面目이다.

바라밀은 이와 같은 천진면목이며 본원실상本源實相이기 때문에 일체고액에서 해탈하였다. 하지만 실로는 해탈할 일체 고난이나 액난이 아예 없었던 것이다. 해탈하였다는 말은 번뇌 속의 입장에 서서 하는 말임을 알게 된다. 부득이한 말이다.

十二
무고상락無苦常樂 — 천진면목天眞面目을 깨달아라

○

이 천진면목은 번뇌나 사대오온四大五蘊이나 일체 액난 속을 헤맨다고 해서 없어지거나 변질되거나 감소하는 것이 아니기 때문에, 만인에게 언제나 콸콸 넘치고 말끔한 면모는 자약自若하다.

이 사실을 아는 자는 영원히 자재를 얻는 것이다. 유무有無 고난苦難이 그에게는 고난 행세를 못하기 때문이다. 그러므로 일체 액난에서 벗어나는 최상의 방법은 이 천진면목, 바라밀을 아는 것이며 본분을 반조返照하는 일이라 하겠다.

고인古人의 말씀에, "망념이 일어남을 두려워 마라. 오직 깨달음이 늦음을 걱정할 뿐 생각이 일거든 곧 깨달을지니 깨달은 즉 없는 것이다."라고 한 것은 이 사이의 소식과도 통하는 말이다.

十三
멸고滅苦·해탈解脫·창조의 삼방식三方式

◎

반야바라밀의 멸고법滅苦法이 고를 없애는 것이 아니고 바라밀에는 고가 아예 없는 것이다. 뿐만 아니라 바라밀에는 원래 무량공덕無量 功德이 무한히 넘치고 있고, 이것은 곧 모든 사람의 진면목임을 알 때 우리는 또 하나의 멸고법을 발견한다. 그것은 앞서 말한 사반야四般若 의 활용이다. 즉 고난을 당해 고난을 보지 말고 실상實相을 반조할 때 (실로는 실상은 반조가 아니지만) 실상에는 본래 고난이란 없는 것이므로 고난은 존재성存在性의 허虛가 드러나 존재하지 못하게 된다.

이것은 앞서 관자재보살이 보인 멸고법이었다. 이것은 실상반 야實相般若에 의한 멸고법이라 할 것이다.

다음은 고난을 당해 고난을 보지 않고, 실상의 무상無相을 관하 는 것이 아니라 찬란하고 원만한 실상공덕實相功德을 관하는 것이다.

다시 말하면, 고난을 당해 고난의 현상을 보는 것이 아니라 자 신의 광명光明, 무애無碍, 자재해탈自在解脫의 원만신圓滿身을 관觀하 고, 이와 같은 실상공덕實相功德이 자신의 진면목眞面目이며 진경계眞 境界임을 확신하고 부동不動의 신념을 행동行動으로 견지堅持하는 것이다. 그렇게 되면 현상 위에 나타난 고난은 반야에 의해 존재를 지탱하지 못하게 되고 실상의 원만성이 현상 위에 드러나게 되니 이것은 관조반야觀照般若에 의한 멸고법이라 해둔다. 그러나 이것은 소극적인 멸고가 아니라 적극적인 소망성취법所望成就法이라 하는 것이 오히려 타당하다.

다음에 제3의 멸고법은 방편반야方便般若에 의한 멸고법이다.

이것은 멸고법이라고 하기보다 적극적인 소망성취에 따른 반사적인 멸고이다.

그것은 인간실상人間實相이 무상無相이며, 무량공덕장無量功德藏된 신념의 기초 위에서 현상적인 부자유를 마음에 두거나 그를 쫓거나 그로부터 벗어나고자 하는 생각이 없이 오직 자신이 목적하는 목표의 완전한 실현상을 구체적으로 확념確念한다.

이 완성상完成像의 확정이 소망 실현의 모형이 된다. 그리하여 이 완성상을 확정적 신념과 강렬한 집념과 끊임없는 추구행으로 뒷받침할 때 점차 그 소망은 현상 위에 현전된다.

이것이 범부의 소망성취이며 바라밀의 방편적 운용이다. 이 방편반야에 의한 소망성취는 작게는 개개 고난의 해결과 현실적 소원성취에서부터, 사회와 역사를 변혁하고 지상에 평화와 번영을 구현하는 등 널리 중생의 성숙과 국토의 정화를 위해 활용되어야 한다.

이상 세 가지 멸고 내지 소망의 성취법이란 필경 인간에 현존하는 바라밀의 공덕을 활용하고 범부적 현상 위에 바라밀이 편면片面을 노출露出시키는 것에 불과한 것임을 구안지사具眼之士는 수긍할 것이며, 또한 이것이 중생계에 있어서의 무한한 창조 원리라는 사실도 알 것이다.

하여튼 중생계의 창조라는 것은 크건 작건 그것이 현상계의 구체적 현실로 등장하는데, 부지불식간不知不識間에 이와 같은 창조법칙이 부분적으로 실행되고 있다.

十四
바라밀 수용의 기초 요건

○

전절에서 반야 운용에 의한 바라밀 공덕의 수용방법을 말하였거니와 이는 반야관般若觀이다.

이 반야관에 의해 소망을 이루고자 하면 몇 가지 기초되는 행이 앞서야 한다. 이 기초행이 결여缺如된 바라밀 수행법은 사상누각沙上樓閣이다. 소망이 이루어지지 않을 뿐더러, 설사 강력한 염念의

힘에 의해 일시적으로 소망을 이루었다 하더라도 곧 전복된다. 진리의 뒷받침이 없는 성공이란 환몽幻夢이기 때문이다.

그러면 무엇이 반야의 기초행인가? 다섯을 들겠다.

제1, 보리심을 발할 것. 청정본심清淨本心을 내는 것이다. 이곳에는 피아彼我가 있되 피아가 아니다. 진정으로 일체를 사랑하고 그가 진리대로 성숙할 것을 원하고 그의 이익을 생각한다.

제2, 불보살을 공경하고 또한 이웃들을 공경할 것, 그리고 감사할 것. 만약 불보살을 예배 공경한다 하더라도 부모 형제와 이웃과 벗을 공경하지 않는다면 이는 예경이 아니다. 겉모양이 예경이다. 불보살님 앞에 미움도 원망도 아무런 대립도 품지 않듯이 진정으로 형제나 벗과 이웃과 화목하고 조화하여야 한다. 대립의식이나 나쁜 감정이 있다면 소망은 이룰 수 없다. 소망을 이루는 데 방해요인이 된다. 오히려 감사해야 한다. 감사하고 공경해야 한다.

제3, 보시할 것. 무엇이든지 주는 것이다. 아낌없이 주는 것이다. 재물로 주고, 지혜로 주고, 자비롭고 부드러운 말로 주고, 평화롭고 온화하고 기쁜 표정으로 주는 것이다. 주는 자만이 받을 수 있다. 준다는 것은 곧 나의 마음의 문을 여는 것이므로 복이 들어오고 복이 솟아오른다.

주는 것 가운데에 가장 큰 것은 법을 전해 주는 것이다. 일구염불一句念佛, 일조법어一條法語라도 그것은 최상의 보시이다. 무엇으로도 비할 것 없는 무상공덕이다. 재물을 주는 보시는 유한일 수밖에 없다. 그러나 법의 공능功能은 무한이다.

제4, 진언眞言을 쓸 것. 진언이라 함은 범어로 된 주呪가 아니다. 실상의 언어를 의미한다. 그것은 자비慈悲로운 말, 환희스러운 말, 아름다운 덕성을 찬탄하는 말, 긍정적인 말, 적극적인 말, 신념이 담긴 말, 밝고 희망적인 말이다.

진언은 창조력을 가진다. 말하는 대로 이루어진다.

제5, 일심 염불할 것. 중요한 것은 일심이다. 본래 마음에는 이름도 빛깔도 형상도 없다. 이것이 청정일심이다. 정성 다하고 힘을 다하고 열의를 다해 오직 일심으로 염불할 것이다. 여기에 소극적 생각이나 고난이 어른대는 망상이 있으면, 이 염불은 실패를 위한 염불이다. 이런 생각이 있는 한 염불할수록 실패한다.

본래 일심은 무상이건만 범정凡情은 끊임없이 무엇인가 잡고 안정하려고 한다. 그러므로 이를 극복하려면 일심본무상一心本無相과 공덕무상功德無相을 믿고 오직 일심으로 염불할 뿐이다.

이 염불이 행복과 성공을 부르는 근본 동력이다. 그러므로 하루도 빼지 말고 염불을 철저히 하고, 그러기 위해서는 기도시간을 정해 일과로 삼는 것이 좋다.

위 오행은 그 본질이 바라밀 체성을 행동하는 것이기 때문에, 지성至誠과 진실을 다해 수행하면 이는 즉시 바라밀 본지에 자기를 확립하는 것이 된다.

여기서 자신은 불보살의 위신력威神力에 귀일歸一되고, 바라밀이 가지는 위덕威德은 그가 수행하는 반야관에 따라 자신 위에 실현된다. 이것이 기도성취祈禱成就의 법칙이다.

현실상의 불안과 고난을 이겨내고 성공과 승리를 이루려는 자는 마땅히 오행五行과 반야관般若觀을 깊이 배울 것이다.

十五
거두는 말

○

이상 입의분立義分에서 반야심경 대의는 노정露呈되었다. 이 장을 맺으면서 약간의 정리를 가해본다.

첫째, 관자재보살은 진여眞如 불성佛性의 무상시현無相示現이며, 그의 현신現身은 대비원력大悲願力의 권현權現이다. 그가 수용하는 경계는 자재무애, 대지대비大智大悲, 원만구족 '바라밀' 국토다.

둘째, 바라밀에서는 오온五蘊이라는 일체 존재, 일체현상이란 아예 없는 것이다.

셋째, 모든 사람은 오온적 현상에 사로잡힘이 없으며 있는 그대로가 '바라밀'이며 만인은 그의 주재자主宰者다.

넷째, 오온은 원래 없는 것이다. 이는 관자재보살이 실증하였다. 그러므로 만인은 누구나 실로는 일체고액에서 해탈된 무구청정無垢淸淨의 자유인이며, 관자재보살과 같이 관자재觀自在하고 사대오온四大五蘊을 몽환夢幻 부운浮雲과 같이 소견消遣할 수 있는 무상의 권위자權威者이다.

다섯째, 범부는 오온부운五蘊浮雲에 사로잡혀 한계와 속박과 고뇌를 씹는다. 그러므로 모름지기 반야의 지혜로 오온 미운迷雲의 무실허망성無實虛妄性을 조파照破하고 실상본지實相本地에 착실히 발을 붙여 바라밀행을 일심수행하여 대자유 해탈성을 발휘해, 우리와 사회의 역사 위에 자성의 빛나는 내실內實을 구현해야 하겠다.

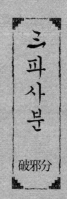

三 파사분

破邪分

一

파사분의 골격

○

입의분立義分에서 이미 이 경의 대의는 제시되었다. 즉 반야대지般若
大智에 의해 현전한 바라밀波羅蜜의 청정광명淸淨光明에는 오직 무량
청정공덕無量淸淨功德인 관자재觀自在의 위덕威德과 일체고액一切苦厄
에서 해탈하는 공능功能이 있을 뿐이다. 그리고 거기에는 오온이라는
일체현상一切現象이란 없는 것이다.

　여기 파사분破邪分에서는 이 바라밀波羅蜜이 가지는 파사적破邪
的인 공능을 상세하게 설파說破한다. 즉 바라밀이 지닌 영원永遠, 청
정淸淨, 원만圓滿의 절대속성을 천명하고 여기에 오온과 육근六根, 육
진六塵, 십팔계十八界, 십이인연법十二因緣法 등이 원래 없음을 밝히고
내지 이러한 현상적인 존재의 존재성을 인정하고 이에 대처하여 건
립된 교법敎法인 고·집·멸·도의 사제법四諦法까지도 없음을 선시宣
示한다.

　사리자여, 색이 공과 다르지 않고 공이 색과 다르지 않느니
라. 색이 곧 공이요, 공이 곧 색이니 수·상·행·식도 그러하

니라.

사리자여, 이 모든 법의 공한 상은 나지도 않고 없어지지도
않고 더러워지지도 않고 깨끗해지지도 않으며 늘지도 않고
줄지도 않느니라.

이런 고로 공에는 색이 없으며 수상행식이 없으며 안이비설
신의도 없으며 색성향미촉법도 없으며 안계도 없고 내지 의
식계意識界까지도 없다. 무명도 없고 또한 무명이 다함도 없
으며 내지 노사까지도 없되 노사 다 됨 역시 없으며 고집멸
도도 없고 지혜도 없고 또한 얻음도 없느니라.

舍利子 色不異空 空不異色 色卽是空 空卽是色
受想行識 亦復如是 舍利子 是諸法空相 不生不滅 不垢不淨 不
增不減 是故 空中無色 無受想行識 無眼耳鼻舌身意 無色聲香
味觸法 無眼界 乃至 無意識界 無無明亦無無明盡 乃至 無老死
亦無老死盡 無苦集滅道 無智 亦無得

二

파사분의 성격

○

바라밀波羅蜜 본지本地에는 실로 가히 얻어볼 한 물건도 없음은 앞서
살핀 바이다. 그것은 유무 분별 이전의 실상實相 본지本地이기 때문이
었다. 이 실상지實相地에는 실로 무애無碍, 자재自在, 해탈解脫, 원만圓
滿, 구족具足이 무상無相인 채로 자족自足하다.

그러므로 이 이외의 것이 있을 수 없으며 생각할 수조차 없다.
범정凡情이 느끼고 헤아리는 일체질애一切質碍나 존재나 그로 인해
생긴 관념속성觀念屬性이나 가치가 있을 여지가 없다는 것이다.

대자대비大慈大悲 절대자존絶對自存 자재무애自在無碍 원만구족
圓滿具足 본자해탈本自解脫의 바라밀상, 이것이 관자재보살의 입각처
立脚處이다. 관자재보살은 이제 이 실상 광명으로 바라밀을 현전現前
시킴에 있어서, 먼저 범정凡情의 최측근最側近인 오온五蘊 등 개전盖纏
을 비춰 보는 것이다.

그런데 광본심경廣本心經에서 보는 바와 같이 이 경은 사리불舍
利弗의 발기에 의해 설한 것이었다. 그래서 이제까지의 입의분立義分
은 관자재보살의 자증의 경계를 기술한 것이지만, 본분(本分―파사분

破邪分) 이하는 관자재보살이 사리불舍利弗의 기청起請에 대한 답으로 열리는 정설正說이다.

여기서부터가 관자재보살의 말씀이다. 광본심경廣本心經에 의하면 사리불이 관자재보살에게 물었다.

"깊은 반야바라밀다행을 수행하고자 하면 마땅히 어떻게 수학해야 하오리까?"

관자재보살은 말씀하셨다.

"사리불이여, 만약 선남자 선여인이 깊은 반야바라밀다를 수행하고자 하면 마땅히 이와 같이 관찰할지니 오온의 체성體性은 다 공하였느니라. 색이 곧 공이요 공이 곧 색이니, 색이 공과 다르지 않고 공이 색과 다르지 않나니 수·상·행·식도 또한 그러하니라…"

앞에서 보는 바와 같이 마하반야바라밀을 성취하신 관자재보살이 마하반야바라밀의 수행방법을 물은 데 대해, 여기 파사분의 설법이 나오게 되었다.

그러므로 이 파사분의 성격은 관자재보살이 바라밀의 광명을 전개해 범부세계에 덮이고 얽힌 모든 결박을 끊어 보임으로써, 범부로 하여금 반야바라밀의 수행방법을 알게 하는 것이다.

三

바라밀 광명의 오온조명五蘊照明

◎

1. 오온조명

바라밀의 공덕을 성취한 관자재보살이 오온을 비춰 보니 그는 이미 공했음이라. 이래서 일체고액—切苦厄에서 해탈했다 함은 이미 입의 분에서 거듭 말한 바이다. 그러므로 이 경지를 수용하고 있는 관자재 보살이 개구초開口初에 이 친증처親證處를 직접 말씀한 것이다.

> 사리자여, 색이 공과 다르지 않고 공이 색과 다르지 않은지
> 라 색이 곧 공이요 공이 곧 색이니 수·상·행·식도 또한 그
> 러하니라.
> 舍利子 色不異空 空不異色 色卽是空 空卽是色 受想行識 亦復
> 如是

샤리푸트라(Śāriputra, 사리자)는 부처님의 상족上足 제자다. 샤리Śāri는 추로鶖鷺라는 황새의 일종. 푸트라Putra는 자子. 불제자 중 지혜 제일

이라 하며 이 경에서도 역시 기청자起請者가 되어 있다.

관자재보살은 "사리불!" 하고 사리불을 불러 주의를 환기시키고는 말씀하셨다.

모든 물질적 현상은 있는 듯하지만 실로는 공이다. 마치 환과 같은 것이다. 실로는 없는 것인데 환각을 일으키는 미한 사람만이 이 환이 실인 줄 착각하고, 그를 뒤쫓거나 얻으려고 매달리고 혹은 환에서 벗어나려고 수고로움을 한다.

이러한 착각적 관념의 중첩이 중생의 형성과정이다. 이와 같이 하여 중생성, 즉 환에 집착하는 착각성은 더욱 견고해진다. 그러나 아무리 착각을 거듭하고 집착이 강하더라도 그것이 실로는 환인 이상 하등 실實이란 없는 것이며, 견고할 것이 없다. 수만 번 중첩으로 집착하더라도 그것은 환일 뿐이다. 마치 0zero을 수만 번 자승自乘하더라도 0에서 일보도 더 나아가지 못하는 것처럼 실제로는 없는 것이다. 공이다. 그러므로 범정凡情이 보는 바의 물질현상은 이것이 착각적인 견이며 망이며 환이다. 그러므로 물질적 현상은 공이다. 없는 것이다.

그러면 이 공이라는 것, 없다는 것은 무엇인가? 공이나 무의 형태라도 있다는 말일까? 아니다. 범정凡情이 인득認得하고 생각할 수 있는 바의 공이나 무란 아예 0을 의미한다. 그러므로 우리는 물질적 현상은 공이라고 거듭 말한다. 이러한 의미의 공이 물질적 현상이다. 이와 같이 하여 물질적·감각적 현상이 가지는 모든 의미를 철저하게 부정하고 모든 관념을 소탕해야 한다. 오히려 부정하거나 소탕한다기보다 그런 관념을 철저히 놓아버려야[방하放下] 한다.

그러므로 색이 공과 다르지 않고 공이 색과 다르지 않다. 색이 곧 공이요 공이 곧 색이다. 둘이 아니기 때문이다. 수·상·행·식도 마찬가지이다. 즉 우리의 감각이나 인식이나 의지나 의식작용에서 얻어지는 것들은 모두가 물질적 현상, 즉 대상경계와의 상관관계에서 얻어진 것이며, 대상물이 의식 내부에 던져진 그림자이며 그 축적이며, 소재한 잔재殘滓며 관념적 침전물沈澱物이다. 그러므로 물질적 현상이나 대상 경계가 원초적으로 없을 바에 어디메에 다시 감각되는 것이나 인식된 것이 있을까? 있다면 모두가 망이요 착각이요 환이요 실제로는 없는 것이다. 공이다. 관자재보살이 바라밀지地에서 오온을 보니 이와 같다. 그래서 일체 고苦 일체 장애를 넘어선 것이다. 이것이 관자재보살의 자증경계自證境界에서의 직설이다.

여기에는 아무런 이유가 없다. 입의분立義分에서는 공에 대해 얼마간 이유를 밝힌 바 있다. 이것은 망집중생妄執衆生을 위해 부득이한 시설施設이다. 그러나 바라밀 본지本地, 즉 실상實相에서는 할 말이 없다. 없어져서 없는 것이거나 이유가 있어 없는 것이 아니라 당초부터 원래 없기 때문이다. 사실 없는 것을 무엇이라 말할까? 다만 공이라고만 말한다.

이와 같이 오온은 실제로는 없는 것이므로 공이 곧 색이며 공이 곧 수상행식이라 하는 것이다.

2. 오온과 고난

오온이 공하였을 때 인간에게는 고난에서 해탈이 있다. 고난이란 무엇일까? 우리의 의도를 장애하는 것, 고통을 상반하는 것, 위험을 가져오는 것, 자유스러운 행동을 억제하는 것, 소망스럽지 않은 행위를 강요당하는 것 등이다.

이들은 모두가 밖에서 작용해 오는 것이다. 나와 상대해서 나에게 작용해 온다. 그러나 밖에서 작용해 오는 객체란 오온 밖의 딴 것이 아니다. 우리를 둘러싸고 있는 육체적 조건이나 물질적 조건 내지 정신적 여건, 그 모두는 오온일 뿐이다. 이 오온이 있어 우리의 육체적·물질적·정신적 환경을 형성한다.

범부는 이 오온의 조적여부調適與否로 쾌락이나 고통을 의식하고 오온의 쇠망에서 죽음을 의식한다. 범부에 있어 오온은 생명여건이며 고난조건인 것이다. 이 오온은 부단히 변천을 거듭한다. 잠시의 쉼 없이 동전動轉한다. 실로 범부에 있어 생명은 끊임없는 불안에 싸여 있는 것이다.

그런데 이 오온이 환이며 실이 아니며 공일 때 어떠할까? 여기에서는 일체 고난에서의 해탈이 있다. 일체 위기 불안에서의 탈출이 있다. 속박에서의 자유가 있다. 마치 구름 속을 벗어난 만월처럼 걸림 없이 푸른 하늘 가득히 시원스런 빛을 채운다.

이와 같이 오온이 공한 바라밀 본지本地에 이른 관자재보살은 일체고액에서 해탈한 것이다.

해탈이라 하지만 실로는 해탈이라 할 것도 없다. 본래의 자기, 즉 실상생명實相生命의 확인일 따름이며, 일찍이 속박한 바가 없기 때문이며, 오온은 본래 없는 것이기 때문이며, 본자해탈本自解脫이기 때문이다.

3. 인간 오온관五蘊觀의 가공성可恐性

여기서 우리가 착안할 두 가지 요점이 있다. 그 하나는 인간존재에 대해 일반一般의 해답을 얻는 것이다. 적어도 인간은 물질적인 것이나 감각이나 육체적인 것이거나 관념적인 존재가 아니라는 사실이다.

얼핏 생각하면 인간은 이른바 지수화풍地水火風 등 4대 원소, 즉 물질과 감각, 표상表象, 의지, 의식 등 정신작용의 총화인 오온으로 이루어진 화합물化合物이라 생각할지도 모른다. 그러나 앞서부터 보아온 바와 같이 오온은 없는 것이다. 공이다.

있는 듯이 보이고 느끼지만 이는 착각이요, 망이다. 환이다. 육체나 감각 의식으로 파악되는 자기는 미迷의 소산이지 실이 아니다. 그러므로 인간을 육체나 물질이나 감각으로 이해하는 태도는 환幻을 인정해 자기를 삼고 있는 것임이 명백하다.

오온이 미망迷妄에서 온 착각 현상임이 명백한 이상 인간은 결코 오온이 아니다.

인간 오온관은 인간 모독冒瀆의 극단이요, 유물주의 감각주의의 출발이며, 가치전도價値顚倒와 인간타락人間墮落과 인성人性 황폐화, 퇴폐화의 기원이고, 증오, 대립, 투쟁, 전쟁, 불행 양산의 근원이다. 우리는 '색은 곧 공'이라는 진리에서 깊이 배워야 한다. 인간은 물질과 육체와 감각과 환경 여건의 종속자가 아닌 오히려 이러한 외적 존재적 요인에 앞선 근원적 주체성에서 이해해야 한다는 것이다.

오늘날 우리 주변에 그칠 줄 모르고 도도히 흐르는 혼란의 탁류濁流, 도처에서 그칠 줄 모르는 노성과 투쟁, 방황과 타락, 무기력 현상은 근본적으로 인간의 가치전도에 유인한다. 여기서 물질지상, 감각신성의 배금철학拜金哲學은 독버섯처럼 솟아난다.

이런 세계에는 물량物量과 환락歡樂이 최고 가치이다. 물량과 환락을 능률적으로 대량 충족시키는 것이 지상가치이며 도덕일 수밖에 없다. 높은 이상, 고결한 품격이란 골동품 이하이다. 물량증식과 권익보전과 환락확보를 위한 능률이라는 명분 앞에 인간은 변형 개조되고 훈련되는 한편, 환락지수의 유지를 위한 인구이론이 등장하게 된다. 실로 가공할 일이 아닐 수 없다.

四
오온공五蘊空과 실상공實相空

○

오온이 인간이었다면 오온이 공할 때 인간은 존재의 근거가 없고 마땅히 무산霧散되었을 것이다. 오온이 공한 때 인간이 무산되지 아니하고 그 존재가 유지됨은 무슨 까닭일까? 그것은 인간이 오온이 아니기 때문이다. 인간의 진면목은 오온이 아니다. 그러면 오온이 아닌 인간 진면목은 어떠한 것인가?

이에 대해 우리는 생각할 마음을 가지지 않았고 말을 갖지 못했다. 우리가 아는 마음이나 생각이나 말이나 이해는 그것이 오온을 벗어나지 못했기 때문이다.

우리의 인식이란 시간과 공간의 제약을 받는, 이른바 인식범주

認識範疇에 한정된다. 그러나 인간 진면목은 이러한 인식범주 이전의 것이며 時·분별分別 이전자다. 그러므로 오온이나 인식범주로는 인간 진면목을 알 수가 없다.

오온은 환이며 공이다. 비오온非五蘊은 비환非幻이며 불공不空이다. 불공이 인간 진면목이다.

그러나 이 불공을 어떻게 파악할 것인가?

그것은 오온이나 인식범주로 잡을 수 없으므로 오온적인 인간 인식으로는 공이라 할 수밖에 없다.

이 비환이며 불공이 실상공實相空이다. 인간 진면목이 실상이며 불성이다. 이곳은 인간의 언어사량言語思量이 미치지 못한다. 고뇌, 위난, 장애, 속박, 한계, 핍박逼迫, 대립이 이름조차 없다.

구름 가신 푸른 하늘, 뭇별 찬란하고 무한청풍無限淸風 광명이 끝없이 넘쳐나듯 오온이 아닌 실상본지에는 무한과 자재自在와 원만이 영원할 뿐이다. 이곳은 오온적인 인식으로 알지 못하는 곳이므로 무상無相이며 공이다. 그러나 실로는 공이 아님을 거듭 말한 바이다.

이 비공非空인 공은 우리의 인식이나 언어 사량思量 밖의 존재이므로, 다만 공이라는 말 속에 묻어 두지만 반야학도는 여기에 명백히 착안하는 바가 있어야 한다(이 불공의 뜻을 간과하면 반야학도라 할 수 없다).

五
반야안般若眼이 본 오온의 진상眞相

O

범부가 보는 오온은 현실적 유有이지만 실제로는 무를 잘못 본 것이다. 그러나 반야안에서 정면으로 말한다면 그것이 실제로는 실상공만이 자약自若한 것이다. 여기에 이르면 오온은 오온이 아니다. 오온은 형상은 오온이로되 실제로는 오온이 아니며 불공의 성성한 발현發顯이다. 그 진태眞態는 실상이며 법성진여法性眞如의 활동상이다. 해탈면목의 활면목活面目이다(여기에서 활공活空 실공實空이라는 말도 있게 된다).

거기에는 진리의 무한공덕이 개현開顯되고 무한청풍無限淸風이 잡지匝地한다. 그러므로 산하대지山河大地가 진리의 나툼이요, 육도六道 중생이 여래공덕의 시현示顯이며, 극락과 지옥이 다르지 않고, 일체 법이 열반을 여의지 않았으며, 지혜와 우치가 모두 반야이며, 일체 번뇌가 해탈 아님이 없게 된다. 실로 대해탈의 경계다. 실상공實相空의 소식消息이야말로 대해탈, 대자유, 대성취, 대원만의 경계다.

우리는 모름지기 오온을 당해 법성의 활소식活消息을 알아야 한다. 이곳이 반야의 진면목이며 구극究極이다. 이에 이르면 일체 장애가 즉 구경경계究竟境界이다. 사유가 자재원만 소식消息이며 무애無碍의 경계다. 그러므로 염념念念히 해탈하고, 염념히 청정을 시현하며 염념히 불사를 작한다. 역사와 사회와 세계를 변혁해 본연청정을 구현하고 정불국토淨佛國土를 실현하는 보살의 사업은 여기서 성취를 보게 된다.

六
바라밀의 체성體性과 속성屬性삼덕三德

◎

1. 바라밀 체성에 대해

앞에서는 관자재보살이 바라밀 광명으로 오온이라는 현상을 조명함에서 우선 오온공五蘊空을 드러내어 말씀하였으나, 여기서는 바라밀 자체의 체성을 밝힌다.

원래 '바라밀'은 절대 존재이므로 이를 관념화하거나 설명할 수는 없다. 왜냐하면 관념, 인식, 설명은 대상적 파악에서 오는 것이므로, 그것은 이미 절대는 아니며 상대적 관계로 전락하기 때문이다. 그러므로 아무리 관자재보살이라 할지라도 이에 대해서는 입을 닫을 수밖에 없는 것이다. 그래서 경에는 오직 바라밀이 지닌 본질적 속성 3종에 대해서만 말씀하고 있다.

바라밀의 본질 속성은 이를 다 말할 수 없다. 그것은 층면層面과 각도角度에 따라 무한이기 때문이다. 경에 보인 3종 속성三種屬性은 그중 대표적이라고나 할까!

사리자여 이 모든 법이 공한 상은 나지도 않고 없어지지도 않으며, 더러워지지도 않고 깨끗해지지도 않으며 늘지도 않고 줄지도 않느니라.

舍利子 是諸法空相 不生不滅 不垢不淨 不增不減

2. 삼종三種의 다르마dharma

전장에서 오온이라는 일체현상의 공을 보았고, 또한 오온이 아니며 현상이 아닌 실상, 즉 바라밀 본지에 대해서도 실상공(실공·활공)이라는 입장에서 살펴보았다. 그리고 바라밀지에서는 오온이 오온이 아니며 오직 이름만이 있을 뿐, 실로는 바라밀의 자기표현이기 때문에 진리의 대해탈 소식이 그 참모습이라는 점도 알았다.

　이 진리의 본체며 바라밀 본지의 실상을 무엇이라고 이름할 것인가? 이는 명상名相, 사량思量, 유무有無 밖의 절대 존재이므로 가히 생각할 수 없으며, 이름 지을 말이 없다. 경에는 법法이라는 용어가 있다. 그러나 법도 반드시 합당한 말이 될 수 없음은 어찌할 수 없다. 대개 법을 세 가지로 나누어 말할 수 있다.

　첫째, 일체 사물을 가리킨다. 제 나름대로 독자의 성질을 가진 일체 존재다. 임지자성任持自性이란 말이다. 즉 삼라만상 일체 사물 내지 색법色法·심법心法인 오온 일체를 말한다.

　둘째는 인식의 표준이 되는 규범을 말한다. 바꾸어 말하면 사물 현상에 대해 일정한 이해나 판단을 내릴 근거가 되는 규범이다. 이것을 궤생물해軌生物解라고 한다.

　오온 등 일체현상이라 함은 첫째의 의미이고, 오온개공이라 하든가 도리道理, 교설敎說, 수리數理, 진리眞理, 교법敎法이라 함은 둘째 의미이다.

　그러나 바라밀 본지本地인 실상 진리는 언설言說, 사량思量을 떠난 것이기 때문에 첫째나 둘째 의미로는 잡힐 수 없다. 이 이언설離言說 절사량絶思量의 절대 진리를 나는 제1 다르마라고 우선 붙여 본다. 그래서 첫째 의미의 법을 제3 다르마, 둘째 의미의 법을 제2 다르마라 하는 것이다. 다시 말하면 제3 다르마는 무상, 변멸變滅, 한정

限定 고락을 내포한 중생경계이고, 제2 다르마는 제3 다르마를 근거한 가치판단이나 교법敎法 체계이고, 제1 다르마는 바라밀 본지本地인 실상진리實相眞理를 말한다.

전장에서 관자재보살은 색·수·상·행·식色受想行識 등 제3 다르마는 공이라는 제2 다르마를 말씀하시고, 본장에 이르러서는 제1 다르마의 입장에서 제1 다르마 자체에 대한 설명을 시도한다.

여기서 혹자가 관자재보살의 설법을 어로語路와 의리義理에 따라 해득한다면 그는 역시 제2 다르마를 얻을 것이고, 이언離言 절려絶慮에서 오득悟得한다면 비로소 관자재보살의 설법을 들었다 할 것이다.

3. 제법공상諸法空相

경의 말씀에 돌아가 살펴본다.

관자재보살은 "사리자여, 이 제법이 공한 상相은…" 하고 거론한다. 여기에 '제법'이라 함은 일체현상이니 제3 다르마다. 공하였다고 말씀하심은 제법개공이라는 제2 다르마의 재선시再宣示이시다. 그러면 '제법이 공한 상'이라 함은 무엇일까?

상은 범어의 락사나lakṣaṇa로 특성, 특징 또는 상태, 양상, 형성의 뜻이다. 그러므로 거기에는 사물의 본체, 작용, 또는 외부에서 보이는 형상 등의 뜻이 있다.

그러나 여기서 제법이 공한 상이라 함은 보통 의미의 상이 아니다. 이른바 비상상非相相이다. 이런 상은 상이 아니다. 상이 가지는 의미를 초월했기 때문이다.

상은 색상色相, 심상心相, 아니면 법상法相이다. 색상色相, 심상心相은 즉 오온이니 제3 다르마요, 법상은 제2 다르마다.

여기의 제법이 공한 상인 비상상非相相은 제1 다르마에 해당한다. 이곳이야말로 관자재보살의 입각처立脚處이며 소굴巢窟이다. 관자재보살은 이 자리에 서서 이 경을 설하신다. 그러나 누누이 말한 바와 같이 제1 다르마인 실상은 언설부도처言說不到處이므로 관자재보살로서도 말씀하실 재간 없고 다만 그 근본 속성에 대해서만 언급하게 된다.

"이 제법이 공한 상은 불생불멸하고 불구부정하며 부증불감하니라" 하신다. 불생불멸不生不滅 불구부정不垢不淨 부증불감不增不減, 이것이 바라밀 체성의 3대 속성이다.

4. 영원성 永遠性

불생불멸이라 함은 무엇일까?

시공을 절絶한 영원 무한절대를 말함이다. 시始가 있으면 종終이 있고, 생生이 있으면 멸滅이 있다. 불생不生이면 불멸不滅이고, 불생은 불멸이다. 이 불멸이 바라밀 체성의 제1 속성이다. 불멸은 영원하며 불생은 무한한 것이다. 이것은 바로 바라밀 영원의 선시宣示이며 바라밀이 본성인 인간무한의 선언이다.

5. 청정성 淸淨性

다음의 불구부정이라 함은 무엇일까?

이것은 청정 자체를 말함이다.

바라밀은 때 묻을 수 없고 물들 수 없고 더러워질 수 없는 무오염자無汚染者이며 초연자超然者이다. 그것은 영원한 청정자이므로 다시 깨끗해질 수도 없다. 본래 청정이다. 이것을 무량청정이라 한다. 이것은 바로 영원한 인간 무죄의 선언이다.

인간 본분, 진면목은 실로 일찍이 죄지으려야 죄지을 수 없는 청정자인 것이다. 규정할 자가 없는 자존자自存者이다. 그는 영원한 자유자재자이다.

이 청정자재자淸淨自在者가 인간의 본래 면목이다. 이것을 깨달
으면 일체 고뇌에서 해탈한다. 인간에 있어 죄의식·부정의식이 고를
초래한다. 무죄의식, 무부정의식無不淨意識도 마찬가지로 자유를 속
박한다. 본래 청정한 본래면목·본원자성·바라밀 실상을 요달할 때
비로소 무량청정無量淸淨은 강물처럼 넘쳐 나온다. 여기에는 정淨·부
정不淨이 없다. 이를 청정이라 하며 무죄라 하며 무구無垢라 한다.

6. 원만성 圓滿性

다음에 부증불감이란 무엇일까.

원만구족성圓滿具足性을 말한다.

제법(제3의 다르마)이 공한 바라밀(제1의 다르마)은 본래완성이며
본자구족本自具足이다. 시공간이 열리기 이전이며 시공간이 다한 이
후이다.

일체 존재 일체 가치가 서기[立] 이전이다. 그것은 본래 완성자
이다. 원만자이다. 시간 공간이 벌어지면서 전개될 일체법(제2, 제3의
다르마)에 앞서 있고 그 모두를 넘어서 있는 절대 무한자이다.

한없이 온갖 법을 창출하고 섭수하되 일찍이 일체법一切法을 넘

어서 있는 것이다.

이 법을 체득한 혜능惠能 조사가 오도悟道와 함께 외쳤다는 "…
어찌 자성이 본래 스스로 청정함을 알았으며, 어찌 자성이 본래 생
멸하지 않는 것임을 알았으며, 어찌 자성이 본래 스스로 구족함을
알았으며, 어찌 자성이 본래 동요가 없음을 알았으며, 어찌 자성이
능히 만법을 냄을 알았으리까![何期自性 本者淸淨 何期自性 本不生滅 何期
自性 本自具足 何期自性 本無動搖 何期自性 能生萬法]"의 연구는 제법諸法이
공空한 본래성本來性의 소식消息을 설파한 말임을 알 수 있다.

七
실상공實相空과 오온五蘊

○

이 까닭에 공 가운데는 색이 없고 수상행식이 없으며
是故 空中無色 無受想行識

앞에서 삼종三種의 다르마를 말하였거니와 이하에서 삼종법을
다시 상기해 주기 바란다.

필사는 현상의 무를 의미하는 현상공(現象空: 오온공五蘊空)과 현상이 아닌 실상의 자재원만성自在圓滿性을 의미하는 실상공實相空)을 앞서 일언一言한 바 있다.

그러면 여기의 '공 가운데는…' 한 공은 어느 공을 말한 것일까? 만약 전자의 공을 가리킨다면 이 공은 색은 아니되 그래도 하나의 유[存在]인 공을 의미하게 된다. 그렇다면 공의 본래의 의미인 0零과는 어긋난다. 여기서 불가불 후자인 공, 즉 실상공을 의미한다고 할 수밖에 없다. 즉 제1의 다르마이다.

그래서 이 실상, 즉 바라밀 본지에는 색이라는 범부가 이해하는바, 일체 물질적 존재는 없는 것이며, 또한 수상행식 등 정신적 일체 작용도 없는 것이다.

이와 같이 범부는 오온 현상에 첩첩으로 매어 있고 오온 밖에는 그 인식이 미치지 못하므로 오온에 대한 집착력은 절대적이다. 이 집착만 버리면 곧 실상본지實相本地인 자기진면목을 보게 된다. 그러므로 '오온공'에 대한 해득이야말로 범부성해탈凡夫性解脫의 관건關鍵이 되기 때문에 오온의 무를 거듭거듭 강조하는 것이다.

八
바라밀다와 십이처十二處, 십팔계十八界

○

안·이·비·설·신·의도 없고 색·성·향·미·촉·법도 없으며
안계 내지 의식계까지도 없다.

無眼耳鼻舌身意　無色聲香味觸法　無眼界乃至　無意識界

1. 육근六根

사람에 있어 인식기관이 여섯 있으니 안이비설신의가 그것이다. 이
것이 범부가 외부와 접촉하는 창구이며 촉각觸角이다. 근根이라 함은
뛰어난 작용이 있다는 뜻인데 그래서 육근六根이라 한다. 시각視覺, 청
각聽覺, 후각嗅覺과 미각味覺, 촉각觸覺, 분별각分別覺을 감각하는 감관
感官과 그 기능을 총칭한 말이다.

　이들이 외계 대상을 잡아 안으로 내심의 인식작용을 일으킨다.
안구眼球, 고막鼓膜 등 육체적 기관을 부진근扶塵根이라 하고 육체 내
부에 있어 육안으로는 볼 수 없으나 실지 대경對境을 잡는 작용을 하

는 것을 승의근勝義根이라 하는데 제대로 말하면 이 승의근을 근이라 할 것이다.

육근 중 전오근(前五根—안이비설신眼耳鼻舌身)은 감각기관이고 그 체는 물질을 본질로 하는 이른바 색법色法이다. 그래서 색근이라 한 다. 그러나 의근意根은 물질이 아닌 심법心法이다. 그래서 무색근無色 根이라 한다. 이 의근은 다른 오근과는 다른 독특한 위치에 있다. 전 찰나前刹那의 육식六識이 변해 없어지며 다음 찰나의 육식이 생기는 중간 역할을 하는 것이다. 그래서 다른 육식이 생하려면 반드시 의 근을 소의(所依—통의通依)로 해야 하며, 다른 오식五識은 각각 특정한 근(根—소의別依)이 있으나 의식은 의근을 소의所依로 할 뿐 다른 별 의가 없다.

이와 같이 육근을 살펴볼 때 전오근前五根은 근원적으로 색법, 즉 물질로 이루어진 것이며 의근은 심법이다. 육근의 근원은 오온五 蘊이므로 이를 오온과 상관하여 볼 때 전오근은 색色이요, 의근은 정 신작용이니 이것은 수·상·행·식受想行識이다.

앞에서 누누이 살핀 바와 같이 오온은 공이었다. 바라밀 본지 즉 실상에서 볼 때 오온은 없고 따라서 그의 복합체인 육근도 없는 것이다.

2. 육진六塵

육경六境이라고도 한다. 육근의 대경對境이다. 즉 안근眼根·이근耳根·
비근鼻根 등등의 대경인 색경色境·성경聲境·향경香境·미경味境·촉경
觸境·법경法境이다.

육경六境을 육진六塵이라 하는 것은 이것이 우리의 마음을 어지
럽히기 때문이다. 색경에는 빛깔과 장단방원長短方圓 등 형색이 있
고, 성경聲境에는 생물성生物聲과 비생물성非生物聲, 유의미성有意味聲
과 무의미성無意味聲, 쾌快·불쾌성不快性이 있고, 향경香境에는 호好·
오惡·적適·강强 등 구별이 있고, 미경味境에는 고감신함苦甘辛鹹 등이
있고, 촉경觸境에도 견堅·습濕·연軟·동動 등 여러 차별이 있다. 법경
法境은 널리 말하면 일체법一切法을 말하지만, 줄여 말하면 의근意根
의 대상을 가리킨다.

그러면 이 육경六境은 어떤 것인가?

육경은 모두가 색법色法의 전개展開에 불과하다. 그러므로 이것
역시 실상 바라밀 광명 앞에서 '무無'일 수밖에 없다.

3. 육식六識

식이라 함은 외경外境을 식별識別하고 인식하는 작용인데, 마음을 작용면에서 본 이름이다.

즉, 육근을 근거해 육경을 대함에서 견見·문聞·후嗅·미味·촉觸·지知의 요별작용을 하는 안식眼識·이식耳識·비식鼻識·설식舌識·신식身識·의식意識 등 여섯 가지 심식心識을 말한다(이 육식의 체는 하나인데 그 작용이 여섯인 것을 비유해 육창일원六窓一猿이라 하고, 이것은 육식이 또 다른 근본되는 식을 소의所依로 하여 각각의 경境을 따라 일어나는 것을 말하는 것이다. 여기 근본되는 식이란 아뢰야식을 의미한다).

이 육식의 존재성은 어떠한가? 이미 보아 온 바와 같이 육근·육경이 없는 것인 바에야 이 근, 경에 의지해 생한 분별작용인 식識이 있을 여지가 없다.

4. 십이처十二處

범어로 아야타나āyatana인데 생장시킨다는 뜻이다. 즉, 마음이 작용을 일으킬 소의처所依處가 되어 그것을 기르고 생장시킨다는 말이다. 아야타나는 육근과 육경이 이것이다. 이미 보아온 바와 같이 육근은 주관에 속한 감각기관이므로 이것을 육내처六內處라 하고 육경은 감지感知되는 대상으로서 객관에 속하므로 육외처六外處라 한다. 이 십이처十二處가 일체법을 총섭總攝하는 것이다.

5. 십팔계十八界

계界는 범어의 다투dhātu로서, 종류라는 뜻이다. 십팔계는 육근과 그 대경對境인 육경六境과 이것을 연緣하여 생긴 육식六識을 합한 것이다. 이들에 각각 계를 붙이는 것은 이들이 각각 독립한 성질과 작용을 가지며 존속하기 때문이다. 즉, 눈이나 귀는 각기 독립한 작용을 한다. 그리고 결코 서로 대신하지 못한다. 눈으로 소리를 듣지는 못하는 것이다. 이 십팔계가 인생의 총체總體라 할 수 있다.

그러면 십팔계를 존재성은 어떠한가?

십팔계를 오온에 배대配對해 보면 정확해진다. 즉, 의근계意根界를 제한 안계眼界·이계耳界·비계鼻界·설계舌界·신계身界 등 오근계五根界와 색·성·향·미·촉·법 등 육경계六境界는 이것이 색온色蘊이다. 그리고 수·상·행의 삼온은 법계(法界—법경계法境界)이고, 법계의 일부는 색온, 식온識蘊은 의계(意界—의근계意根界)와 안식계眼識界·이식계耳識界·비식계鼻識界·설식계舌識界·신식계身識界·의식계意識界 등 육식계六識界가 이것이다.

우리는 이미 오온은 '공'임을 철견徹見했다. 그러므로 오온의
분화복합상分化複合相인 십팔계가 '공'임은 다시 논할 여지가 없는
것이다.

경에 "안계眼界도 없고 내지 의식계까지도 없다." 하심은 바로
이를 말씀함이다.

6. 십팔계十八界 공空이 의미하는 것

범부에 있어 십이처, 십팔계가 거의 모두다. 생이라는 존재성도 그 안
의 일이고, 고락苦樂, 미추美醜, 성패成敗도 십팔계의 일이며, 생사의
의미도 영원도 가치도 모두가 십팔계의 일이다. 범부는 오직 이 십팔
계 내의 일을 두고 살고 죽고 투쟁하고 기뻐하고 슬퍼한다. 영원과 안
락과 평화와 자유를 구하고자 노력하고 인내하고 희생犧牲도 감수하
고 죽음도 불사하는 것이다. 그런데 이들은 모두가 육근으로 하여금
육경을 헤매고 맴돌면서 마침내 육식을 수확으로 삼아서 웃고 또는
우는 것이 아닌가.

이것이 인간과 천상중생의 가치와 생의 전부인 것이다. 그런데
경에는 이 십팔계 모두가 없는 것이라 말씀하셨고 우리도 또한 이

를 충분히 살핀 바 있다.

　그렇다면 여기에 이르러서 인간과 천상중생은 어떻게 해야 할 것인가? 대답은 명료하다. 현상적 유有인 물物이나 심心에 떨어지지 말고 바로 만인 본성인 청정본연淸淨本然의 대바라밀행을 전개할 뿐이다. 왜냐하면 십팔계는 바로 물[色法]과 심이며 이는 본래 공무空無이며 따라서 실제로 있는 것은 바라밀 체성體性뿐이기 때문이다.

　경에서 '십팔계가 없다' 하심은 바로 물심 등 유위현상有爲現象에 사로잡혀 있는 인간과 천상중생을 해탈解脫시키기 위한 감로문甘露門임을 알게 하는 것이다.

九

바라밀다와 십이인연법十二因緣法

○

무명도 없으며 또한 무명이 다함도 없으며 내지 노사까지도
없되 노사 다 됨 역시 없으며

無無明　亦無無明盡　乃至　無老死　亦無老死盡

1. 십이인연十二因緣, 십이연기十二緣起

범부凡夫가 유정有情으로서의 생존을 구성하는 십이요소十二要素이다.

12라 함은 무명無明·행行·식식識·명색名色·육처六處·촉觸·수受·애愛·취取·유有·생生·노사老死다.

이들이 서로 '이것이 있을 때 저것이 있고, 저것이 생生할 때 이것이 생하며, 이것이 없을 때 저것도 없고, 이것이 멸滅할 때 저것도 멸한다' 하는 상의상대적相依相對的 관계에 있다는 것이다. 여기에는 대개 두 면을 관찰할 수 있다. 즉, 모든 것은 인因과 연緣으로 하여 성립된 상의적相依的인 것이므로 이들은 무상無常이며 고苦며 무아無我라는 면과, 또 다른 한 면은 범부의 고苦된 생존은 어떻게 하여 성립하는가? 그리고 그것은 어떻게 하여 제거시키고 해탈을 얻는 것인가 하여 유정의 생존가치와 의의를 문제 삼는 것이다.

『잡아함경』에 의하면 이 연기緣起의 법法은 불佛의 출세出世 여부에 관계없이 영원히 변치 않는 진리로서, 부처님도 이 법을 관觀해 깨달음을 이루었고 또한 중생에게도 이 법을 열어 보인다는 것이다.

생각하면 대개 인간 생존은 정신의 주체인 식識의 활동에서 비롯되지만, 그 식의 활동이란 생활 경험이 되어 도리어 그 활동의 축적이 식을 내용 짓는다. 이 생활 경험이 행이다. 그리고 이 식의 활동을 생각해 보면 식이 감각기관인 육처(六處—육근六根)를 통해 인식

대상인 온갖 심적 작용心的作用이나 물적 존재物的存在, 즉 명색名色과 접촉하고[觸] 이것을 주관해서 감수感受하는 것[受]이라 하겠다.

범부들의 식은 자성진리自性眞理의 무자각無自覺 상태인 무명을 내상內相으로 하고 갈애(渴愛—한없이 구하는 아욕我欲)를 외상外相으로 하고 있다. 대개 범부들이 끝없이 밖으로 치달으며 작용하는 근본적 힘의 근원은 이 갈애라 보아야 할 것이다. 이것이 발전해 모두를 내 것으로 삼으려는 집착[取]이 된다. 이런 고로 이러한 오염된 식의 활동[行]에 의해 내용지어진 식은 그에 상응하는 인간고人間苦, 무상고無常苦, 생生·노老·사死를 경험하게 되는 것이다. 이에 반해 성자聖者는 무명과 갈애가 변해 없으므로 인간고가 없다. 여기서 해탈이란 말이 있게 된다.

2. 십이연기의 태생학적 해석

십이연기에 대해 종래 태생학적胎生學的 해석이 성행하고 있다. 우리 교계에 아직도 유행하고 있는 해석이므로 이에 간략히 소개한다.

① 무명無明: 과거세에 끝없이 계속해 온 미迷의 근본인 무지無知.
② 행行: 과거세에 무명이 지은 행업行業.

③ 식식識: 과거세의 업의 결과로 얻은 현세수태現世受胎의

　　일념一念.

④ 명색名色: 태중胎中에 있는 심心과 체體.

⑤ 육입六入: 태내胎內에서 형성되는 육근六根.

⑥ 촉觸: 출태직후出胎直後 한동안의 촉각觸覺만의 작용.

⑦ 수受: 고락호오苦樂好惡를 감수感受하는 감각.

⑧ 애愛: 고苦를 피하고 낙樂을 추구하는 작용.

⑨ 취取: 자기가 하고자 하는 것을 집착하는 작용.

⑩ 유有: 애취愛取에 의해서 종종락種種樂을 짓고

　　거래 결과去來結果를 불러 일으키는 작용.

⑪ 생生.

⑫ 노사老死.

|

　이상과 같이 십이연기는 과거의 인(因: 무명無明·행行)과 현재의
과(果: 식식識·명색名色·육입六入·촉觸·수受)와 현재의 인(因: 애愛·취取·
유有)과 미래의 과(果: 생生·노사老死)의 이종二種의 인과因果를 보인 것
으로 해석해 이를 삼세양중三世兩重의 인과因果라고 한다.

3. 십이연기의 의의

십이연기는 삼매 앞에 드러난 중생의 생존과 존속의 실상을 여실히 드러내고 있다. 따라서 중생고衆生苦의 원인과 결과를 명료하게 보여준다. 여기서 중생고의 근원이 규명되는 것이다.

이것은 십이연기의 근본 의의이다.

우리는 십이연기를 통해 볼 때 중생고의 근본 원인은 무명이고 결과는 노사우비고뇌老死憂悲苦惱이다.

그러므로 노사우비고뇌를 없이 하려면 무명을 없이 함만 같지 못함을 알 수 있다. 그러면 무명은 어떤 방법으로 없앨 것인가? 경에는 "무명도 없으며 무명이 다함 또한 없다" 하였다. 방법은 이것이다. 무명이 없다는 것을 아는 것이 없이 하는 것이다. 무명이 없다는 것을 어떻게 알 것인가? 이것은 바라밀 본지本地인 청정실상清淨實相을 알아야 한다. 바라밀 청정지清淨地에서 본래 없는 것이어서 없이 할 것조차 없는 것이며 "다 없앴다" 할 것도 또한 없게 된다.

바라밀 본지를 모르는 데서 무명적인 착각행은 거듭되고, 식識은 더욱 망식忘識을 더해가고, 인생은 우비고뇌와 노사의 바다에 빠져 들게 된다. 이러한 사정을 『원각경圓覺經』에는 다음과 같이 말씀하고 있다.

"삼세여래三世如來는 청정각상清淨覺相을 원조圓照해 무명을 영단永斷하고 불도佛道를 이루느니라. 무엇이 무명일까?

　일체 중생이 무시이래無始以來로 가지가지로 전도한 것이 마치 길을 미迷한 사람이 사방四方을 바꿔 앎같이, 사대四大로 그릇 자신을 삼고 육진연영六塵緣影을 자기 마음으로 삼느니라. 비유하면 병목病目이 공중에 환화幻華나 제2월第二月을 보는 것 같으니라…. (중략) … 이 무명이라 하는 것은 실제로는 있는 것이 아니니, 저 꿈꾸는 사람이 꿈속에서는 없지 않지만 깨고 나면 없는 것과 같으니…."

　여기 『원각경』 말씀에 청정각상淸淨覺相이라 함은 실상實相인 바라밀지를 말함이다. 이 청정각상을 뚜렷이 비추어 봄으로써 무명을 영영永永 끊는다 하였으니 이는 청정각에는 무명의 그림자도 아주 없음을 말함이요, 동시에 무명을 끊는다는 것은 무명을 없이 하는 것이 아니라 청정각을 비추어 봄으로써 무명이 이름조차 없음을 확인하는 것임을 아는 것이다.

　그래서 무명이 없음 즉 행行이 없고, 행이 없는 즉 식識이 없고, 따라서 명색名色·육입(六入─육처六處)·촉觸·수受·애愛·취取·유有·생生·노사老死도 없게 된다.

　이와 같이 고苦의 근원을 조파照破하여 인간고를 소탕掃蕩하는 방법이 십이연기의 교의敎義가 된다.

十
바라밀다와 사성제四聖諦

○

고집멸도도 없으며

無苦集滅道

1. 사성제四聖諦, 사종四諦

제諦라 함은 범어의 사트아Satya. 진리의 뜻으로 사종四種의 진리를 의미한다. 이는 십이연기에서 드러난 인간고人間苦 생성의 과정과 그 것을 멸하는 방법을 기초로 하여 조직된 교법教法으로서, 부처님께서 녹야원에서 설하신 최초 설법이 이 교법이었다.

사제四諦의 제1은 "미迷인 이 세계는 모두가 고苦다"라는 고제苦 諦요, 제2는 "고苦의 원인은 끝없는 애집愛執이다"라는 집제集諦(애욕 집착―번뇌)요, 제3은 "이 애집愛集의 완전한 절멸絶滅이 고苦가 멸한 궁극의 이상경理想境이다"라는 멸제滅諦요, 제4는 "고가 멸한 이 경 지에 이르려면 팔정도八正道를 수행해야 한다"는 도성제道聖諦이다 (팔정도八正道: 정견正見·정사유正思惟·정어正語·정업正業·정명正命·정정진正

精進·정념正念·정정正定).

사제 중 고제와 집제는 미망세계迷妄世界의 결과와 원인을 보인 것이고, 멸제와 도제는 진리를 증오證悟한 경계의 결과와 원인을 보이고 있다.

또는, 이 사제의 법문에서 우리는 세 가지 가르침에 착안해야 한다(삼전三轉).

첫째, "이것이 고제 내지 도제니라[苦諦乃至道諦]." 하신 시전示轉이니, 이는 우리에게 진리인 교법教法을 내어 보이심이요,

둘째, "이 고제 내지 도제는 두루 알아야[徧知] 하느니라." 하신 권전勸轉이니, 우리에게 이 법을 배우고 닦고 증證하라고 권하심이요,

셋째는 "이 고제 내지 도제는 편지徧知되었느니라." 하신 증전證轉의 선시宣示이다. 이는 부처님이 이미 이 최승진리最勝眞理를 증득하신 대각자大覺者이며 해탈자解脫者임을 보이신 것이다.

2. 연각緣覺과 성문聲聞

연각緣覺은 범어梵語의 프라티에카 붓다(Pratyeka-buddha, 독각獨覺)라는 뜻이다. 벽지불辟支佛이라고도 적는다. 스승의 가르침에 의하지 않고 스스로 수도해 십이인연법을 깨친 성자聖者로서 고독과 적정寂靜을 즐

기고 설법교화를 즐기지 않는다는 것이 일반적인 이해이다. 이와 같이 대비행大悲行을 하지 않으므로 성불하지 못하는 성자聖者라고 한다.

성문聲聞은 스라바카(Śrāvaka, 소리를 듣는다)의 역인데 부처님 말씀을 듣고 깨친 제자이다.

아난阿難·사리불舍利弗은 대성문大聲聞이나 부처님 말씀을 듣고 수행하되 주로 자기해탈自己解脫에 치우친 출가성자出家聖者다. 사성제四聖諦를 수행해 사사문과四沙聞果를 얻는다.

연각과 성문을 이승二乘이라 하지만 이 둘의 수오상修悟上의 차이는 무엇일까? 연각은 홀로 수행해 십이연기를 관하고 마침내는 번뇌를 벗어난 성자聖者이고, 성문은 사성제를 수행해 번뇌를 벗어난 성자이다. 연각은 번뇌를 멸각한 자者요 성문은 수행과정에 있는 자다. 다만 성문 중 제4과위第四果位에 이른 아라한阿羅漢은 연각과 같이 번뇌를 벗어난 성자聖者이지만 수행과정에 차이가 있을 뿐이다(부행部行 독각獨覺은 성문聲聞 출신이다).

그런데 경에 보이는 "십이연기법도 없다" 하심은 연각승緣覺乘을 위한 가르침이요, 또한 고집멸도도 없다 함은 성문승聲聞乘을 위한 가르침으로 볼 수 있다.

그런데 위 이승의 교법教法은 반야법문般若法門 결집 이전의 교학으로서 그 가치는 강한 현실성이 있기는 하나 대승의 기초 과정에 속하는 법문의 성격을 지닌다.

十一

바라밀다와 지智와 득得

○

지도 없고 또한 얻음도 없다.

無智亦無得

1. 바라밀다와 자기인식

|

바라밀다인 청정실상은 구극究極의 실지實地이므로 이는 인식이라는 상대적 관계성으로 영득領得할 수 있는 것이 아니다. 그것은 보았다고 하면 이미 못 본 것이요, 얻었다 하면 이미 다른 것을 얻은 것이다. 그것은 전일적인 독존獨存이며 절대적인 주체성인 까닭이다. 그러므로 여기 바라밀 자체에서는 달리 찾을 대상도 없고 대상을 인식할 주지主智도 없다. 있다면 모두가 망분별妄分別이다.

"지智도 없고 또한 얻음도 없다" 하심은 이와 같이 전일全一·전성全性·독존獨存·절대적絶對的인 바라밀 자체의 인식방법에 대한 말씀이다. 이와 같은 말씀은 어디까지나 바라밀지를 모르고 현상現象에만 국집하는 입장을 파破하는 말씀이다.

그러므로 바라밀 자체가 없다는 것도 아니며 더욱이 공허空虛하다는 것도 아니며 반야적般若的인 실상이해實相理解를 거부하는 것도 아니다. 현상에 국집해 관계적·상대적·능소적能所的 입장에서는 알거나 얻을 것이 아님을 명언明言할 뿐이다.

실제로는 이 바라밀 경계는 처처處處에 현전現前하고 있다. 만인면전萬人面前에 전면 전개되고 일찍이 가렸거나 숨은 적이 없는 것이다. '개개면전명월백個個面前明月白'이라든가 '산하대지현진광山河大地現眞光'이라 함은 이를 말함이다.

그러므로 이 바라밀다를 대평등이라 하는 것이다. 이것은 능소能所 지득智得으로는 알 수 없고 얻을 수 없다. 오직 인인개개人人個個의 본분면목本分面目인 반야실상안般若實相眼만이 이를 요지了知한다. 여기서 증지證知할 지智도 없고 증證하는 바 법도 없음을 명료히 하여 바라밀 광명의 대용방식大用方式을 선시宣示하신 관자재보살의 자비를 알아야 하겠다.

十二
거두는 말

◎

이상 파사분破邪分에서 바라밀 광명을 종횡으로 조사照射해 범부의 일체 그릇된 소견所見을 하나하나 척파하고, 내지 이제까지 설한 부처님 교법까지도 이 반야법문 앞에는 요의了義의 법이 아닌 교의教義임을 노정露呈하였다. 즉, 오온·십팔계·십이처 등 삼과三科의 공무空無를 보이셨고, 다시 십이연기·사제법도 찾을 길 없음을 말씀하시고, 끝으로 마침내 일체법을 요별了別 수행할 지智도 증오證悟할 득得도 없음을 쾌설快說하시어, 중천中天에 낭연독존朗然獨存하여 무량광명을 거침없이 부어대는 태양과 같은 바라밀의 본령本領을 드러내었다.

특히 파사분에서 주목하는 바는 바라밀 자체에 대한 설명이다. 바라밀의 자체성은 이른바 제1의 다르마로서 언설부도처言說不到處이다. 그런데도 관자재보살은 자비곡진慈悲曲盡하시어 말할 수 없는 것을 말씀하시어 우리의 본분과 지표指標를 명확히 보여준 것이다. 우리는 이 자비곡진한 교법에 깊이 신의信依하고 사견邪見을 멀리해, 천여天與의 무량공덕을 헛되이 함이 없어야 할 것이다.

심경은 처음 관세음보살이 마하반야바라밀다를 행하여 일체 정신적·물질적 현상이 없는 것임을 사무쳐 보였다. 그래서 일체 고난에서 해탈했다는 사실의 선시_{宣示}로 시작되었다.

즉, 관세음보살이 자재해탈을 이룩한 원인이 반야바라밀다를 행한 데 있음을 말함으로써 반야바라밀다의 위력이 어떤 것인가를 관세음보살의 위덕을 실증으로 내세움으로써 실증적으로 말해 주고 있다(입의분立義分).

그리고 다음에 반야바라밀다가 어떤 것인가를 보여주는 것으로서 반야바라밀다를 배우는 방법을 말해 주고 있다. 그러면 반야바라밀다가 어떤 것이었던가? 오온·육근·십팔계를 비춰 봄으로써 이 모두는 없는 것임을 갈파하고, 다시 오온·육근·십팔계의 존재성을 근거로 해서 건립된 사제·십이인연의 교법체계도 없으며, 마침내 근본적으로 앎도 얻음도 도무지 없는 것임을 보여주었다. 이것이 파사분이었다. 그리고 이와 같이 우리를 둘러싸고 있는 물질적·정신적 현상은 이것이 조건이며 자체가 공함을 보이고는, 다음에 반야바라밀다 자체가 어떤 것인가를 말하는 차례가 이 공능분_{功能分}이 된다.

그러나 앞서도 말한 바이지만 반야바라밀다 자체에 대해서는 말을 할래도 이에 대한 말이 없다. 이론으로 어루대거나 생각으로 짐작할 수 없는 경계다. 그것은 마치 장대로 허공을 찌르는 것 같아서 아예 생각의 여지가 없는 것이다. 이른바 제1 다르마이기 때문이다. 그래서 여기서도 그에 대해서는 할 말 못하고 다만 바라밀다가 갖는 공능이 우리 현상에 어떻게 나타나는가를 말하고 있을 뿐이다.

얻을 바 없으므로 보리살타는 반야바라밀다에 의지하는 고로 마음이 걸림이 없고, 걸림이 없으므로 공포가 없으며, 뒤바뀐 허망한 생각을 멀리 떠나 구경열반을 얻느니라.
삼세제불도 반야바라밀다에 의지함으로써 아뇩다라삼먁삼보리를 얻었나니라.
以無所得故 菩提薩埵 依般若波羅蜜多 故心無罣碍 無罣碍故
無有恐怖 遠離顚倒夢想究竟涅
槃 三世諸佛 依般若波羅蜜多 故得阿耨多羅三藐三菩提

一

무엇이 소득所得인가

○

우리가 알고 있는 모든 존재는 한계성을 스스로 지니고 있다. 일체 존재가 근본적으로 시공간의 제약이며, 그것은 인식과정에서 우리의 인식범주 내재로 제약된다. 일체 존재란 일단 우리의 인식과 이론적 사유 내재이므로 근본적인 가정성과 한계성을 스스로 갖고 있는 것이다. 그러므로 이러한 인식의 기초가 되는 인식의 차원이 변동될 때, 우리의 세계가 한꺼번에 그 존재성을 상실하고 마는 것은 어쩔 수 없다.

위에서 살펴본 바와 같이 우리의 모든 현상적 존재는 오온의 복합이거나 분석이며 그것을 기초한 논리적 전개의 성격을 지닌 것이므로, 이제 반야에 의해 오온의 허가성虛假性이 드러난 마당에 한 물건도 안중眼中에 남는 것이란 없다. 오온적 현상을 인식할 지혜도 없고, 고난을 극복할 지혜도 없으며, 고난을 극복하고 평화안락을 얻을 이유가 없는 것이다. 가히 버리거나 얻을 것이란 터럭 끝만큼도 없다. 아예 이름도 생각할 여지가 없다. 왜냐하면 일체 존재가 없기 때문이다.

그러면 이와 같이 구름 한 점 없고 먼지 하나 없는 가을 하늘처럼 맑게 갠 하늘은 있다고 할 것인가 없다고 할 것인가? 유有 아니면 무無밖에 볼 수 없는 우리의 인식에서는 명백히 이것마저도 없다고 할 수밖에 없다. 왜냐하면 허공은 차라리 허공 아닌 대지가 있고 천체가 있고 다시 허공을 인식하는 '나'라는 인식 주체가 있지만 이곳에는 그런 것이 없는 절대적 존재이기 때문이다. 가히 제거할 오온도 번뇌도 없지만 다시 얻을 지혜도 없는 것이다. 이것을 필경공畢竟空 또는 무소득공無所得空이라고 한다.

二
무소득無所得은 인간해방이다

○

유有만을 인식하고 득실得失만으로 존재를 인정하는 우리의 생각으로는, 우리의 세계는 유의 평면平面과 소득所得의 입체立體로 느껴진다. 그런데 이제 일체가 공하여 무소득無所得에 이른다 하면 곧 공무적멸空無寂滅 허망虛妄의 현기증을 느낄지도 모른다. 왜냐하면 저들은 자기가 서 있는 근본적 기반을 일시에 상실하기 때문이다.

그러나 이것은 공이 의미하는 것을 오해한 데에 기인한다. 실제로는 유는 없는 것이며 동시에 공도 없는 것이다. 우리가 본래부터 유나 공에서 살고 있는 것이 아니다. 우리의 현실이 불공不空의 활물活物로 살고 있다는 사실을 모르기 때문이다. 그것은 차치하고 우선 우리를 둘러싼 오온적인 여건이 우리를 해방하고 있는가, 한계 지우고 속박하고 있는가를 생각해 보자.

명백하게 말해서 그것들은 우리의 자유를 조건과 상황狀況으로 속박하고 있으며, 근본적으로는 우리를 죽음이라는 종국적 한계 속에 몰아넣고 있는 것이 오온 현상이 아닌가. 실로 우리는 오온 현상에 의지해 우리 자신이 생명과 번영을 지탱하고 있는 것이 아니라, 그 오온에 의해 억압되고 제약을 받고 있지 않은가. 우리는 오온 현상에 의해 보호되고 있는 것이 아니라, 오온이라는 성곽에 묶이고 또한 갇혀 있는 것이다. 그뿐만 아니라 오온의 속성을 따라 끊임없이 변화하고 허물어지고 있는 것이다.

그렇다면 우리는 이제 오온이 마침내 공했으며 그로 인해 생긴 일체 가치 규범이 일시에 몽땅 무너진 지금, 즉 무소득無所得에 이른 지금의 경계를 어떻게 할 것인가? 쇠사슬에 묶여 살다가 쇠사슬이 풀리니 허전하고, 의지하고 살아왔던 쇠사슬이 없어져 현기증이 난다 할 것인가?

여기에는 생각할 여지가 없다. 그에게는 대해탈 대자유의 천지가 안겨져 있는 것이다. 그를 속박하고 한계 지웠던 오온의 성곽이 허물어지고 십팔계의 쇠사슬이 녹아 없어진 것이다. 그러므로 무소득無所得의 법이야말로 인간해방의 대법大法임을 알게 되는 것이다. 이 무소득의 법에 의해 일체 속박에서 벗어나는 원리原理를 설명한 것이 이제까지의 파사분의 내용이다. 다음으로 속박에서 풀리고 한계의 장벽을 타파한 경계가 어떤 것인가를 말하는 것이 여기의 공능분功能分임도 알아야 한다.

三
보살에 이르는 길

◎

만인은 진실을 향해 가는 자다. 그는 자신에게 있는 진실의 빛을 구현하느라고 수행이라는 길을 무한겁을 두고 산다. 만인은 성불하는 자, 구도자이다. 만인은 보살이다. 보살은 제대로 적어서 보디사트바(bodhi-sattva, 이 땅에 빛을 뿌리는 자)라고 했다. 특히 이러한 인간 진실을 알고 믿고 그 길을 걷는 구도자, 그들을 우리는 특히 보살이라 하여 칭송한다. 그는 빛을 구하는 자이며 빛으로 살고 빛을 행하며 빛을 뿌리는 생애이기 때문에 아무리 존경 칭송받아도 부족하다. 정말 이 땅의 어둠을 소탕하여 광명정토光明淨土를 실현할 자가 있다면 바로 보살 그 사람이기 때문이다. 보살 그는 그와 같이 존경을 받을 만큼 위대하고 책임이 크다. 어떻게 그 책임을 다할 것인가?

경에는 "보살은 반야바라밀다에 의해 마음이 걸림이 없다." 하였다. 이것이다. 반야바라밀다에 의해 보살은 보살이게 된다. 반야에서 보살을 보살이게 한다. 반야에 의해 유한의 상황은 무한대의 세계로 전환된다. 일체 한계와 대립은 타파되고 무한의 지혜, 모두와 함께 호흡하는 자비 자재한 위덕이 전개되는 것이다. 반야에 의해 비로소 바라밀다는 현전하기 때문이다.

보살은 반야에 의해 바라밀다를 이룬다. 바라밀다야말로 보살의 소굴이며 입각처라고 이미 말했다. 그리고 바라밀다는 완전에 도달한 도무극度無極의 경계임도 이미 말한 바이다. 이 바라밀다는 구극의 실상이다. 일체 한계적 존재를 넘어선 절대의 본제本際다. 참으로 무소득無所得의 대해大海를 독조獨照하는 각일覺日이다. 그것은 태양과 같이 일체에 초출超出한 것이다. 어떠한 위력으로도 그것의 절대 자유, 자존성을 변개하지 못한다. 그것은 존재 이전자이며 절대적 근원자이기 때문이다.

경에는 "보살은 반야바라밀다에 의해 마음이 걸림이 없다." 하였다. 마음이 걸림이 없다 함은 무슨 뜻일까?

심무가애心無罣碍, 이것은 범어 아칫타 아바라나acitta-avarana다. 한문이 뜻하기로는 '걸리거나 장애함이 없다'는 뜻이다.

그러면 마음을 덮는 것은 무엇인가? 그것은 망념妄念이다. 즉, 본분실지本分實地를 모르는 착각적 의식이다. 그것은 선악, 호오, 생사, 미오, 집착, 대립 등의 관념이다. 이것이 중생견衆生見이다. 무명이 가져오는 바이며 고를 부르는 원흉이다.

그런데 본래 바라밀은 아무도 그를 덮지 못하는 위력의 실자實者인데 어찌 덮는 것이 있다는 말을 하는가? 이것은 올바로 착안한 의문이다. 실제로는 무엇으로도 덮거나 가리지 못하는 것이다. 밖에서 오는 무엇으로도 덮을 수 없을 뿐만 아니라, 밖에서 올 한 물건도 없고 실제로는 밖이 아예 없다. 또 안도 없다. 자신도 유가 아닌 것이다.

그러므로 가린다는 것은 있을 수 없다. 다만 자신의 착각으로 인해 망념을 일으키고 망념에 생각을 두고 다시 생각과 견해를 일으키고, 자신의 본래 자리를 망실한 채 망념을 자신으로 삼는 착각을 일으킨 것이다. 여기서 범부들은 자신의 본 땅을 망실하였다. 하지만 실로 그곳에 그대로 있건만 스스로 알지 못하는 것이다. 여기서 착각은 망실을 가져오고 망실은 상실을 초래한다.

이 자기 상실, 이것이 중생의 상태이다. 그러므로 실제로는 덮인 바 없건만 착각으로 인해 자성이 덮인 바 되고, 자기 상실을 거듭하는 것이다. 이 일찍이 덮인 바 없는 본성 본면목을 보는 것이 정안

正眼이며 반야안般若眼이며 각안覺眼이다. 그러므로 바라밀지에는 본래 덮인 바 없는 것이다. 일체만법一切萬法 본자해탈本自解脫이란 이 말이다. 경에 '걸림이 없다' 하심은 실제로 걸리지 않는 것이 아니라 원래 걸리지 않는 것이며 '덮임이 없다' 하심도 실제로는 원래 덮이지 않는 것이다.

이 결과 보살이 반야에 의해 바라밀다가 현전하면 그때에 비로소 무엇이 덮여 있다가 걷히는 것도 아니며, 구속되었다 해방되는 것도 아니며, 속박 부자유에서 해탈되는 것도 아니며 번뇌로 있다가 보리를 이루는 것도 아니며, 중생으로 있다가 해탈자재 구족한 부처님이 되는 것도 아니다. 본래 덮이지 않았으며 속박된 바가 없으며 중생이 아니었던 것이다. 그러면 무엇이었다는 말인가? 본래 불佛이라는 말인가, 마음이라는 말인가? 아니다.

四

지혜가 자비이다

○

오늘날 많은 불자들은 눈 앞에 벌어지는 중생고와 사회불안과 모순,

비리非理 등에 대해서 마땅히 중생구호·사회정화·사회정의의 구현에 앞장서야 할 것을 강조한다. 당연한 말이다. 중생구호야말로 보살의 생업이다. 그러면 중생구호는 어떻게 하는 것일까? 광대한 자비행의 전개가 그것이다. 무엇이 광대한 자비행인가.

여기에 이르면, 자비를 행하는 것이 보살이 자비심의 충족을 위해 하는 일이 아니며, 진실로 중생을 위하는 것일진대 불가불 지혜 없이는 중생을 참되게 이롭게 할 수 없다는 것을 알게 된다. 지혜 없는 자비행은 자신의 보살심 충족이 될 뿐, 실제로는 중생에게 해로운 결과를 안겨 줄 수도 있다.

그뿐만이 아니다. 보살심의 동력은 무한한 것이다. 이 무한력은 지혜의 통찰 없이는 발동될 수 없다. 자타대립의 상태에서 우러나는 자비심이란 감상적인 자비이거나 일시적·즉흥적 자비이거나 자기 만족적인 무분별한 자비가 되기 쉽다. 뿐만 아니라 언제나 유조건의 유한자비가 될 수밖에 없다.

이것은 자비가 반야의 조명이 없기 때문이다. 참된 자비는 반야바라밀에서 나온다. 반야 없는 자비란 있을 수 없다. 반야에서 보살의 대비大悲는 흘러 나오는 것이다. 실로 반야와 자비는 일물양면一物兩面이다. 반야에서 대비大悲는 생生하고 보살의 대비는 무한한 위력을 동반한다. 그것은 보살의 자비가 곧 바라밀다의 발현發顯이기 때문이다.

실로 경 말씀과 같이 "보살은 반야바라밀다에 의해서 마음이 걸림이 없다." 보살의 대비력大悲力을 구사해 보살의 대위력大威力을 구현한다는 것은 지혜와 자비를 병수倂修하는 데서 오는 것임을 명심銘心하자.

五

대안락大安樂은 어떻게 얻는가

◎

인생은 끝 모르는 길, 분명히 끝이 있기는 한데 언제 끝이 나타날지 모르는 어둠의 길을 걷는 것과 흡사하다. 사방 전후좌우를 알 수 없는 어둠 속을 걷고 있는 것이다. 언제 어떤 고난이 닥쳐올지 알 수 없다. 생명에 대한, 혹은 재산에 대한 고난인지 알 길이 없다. 뿐만 아니라 죽음이라는, 범부로서는 생명의 종말을 의미하는 위험은 명백하게 앞에 가로놓여 있는 것이며, 그것이 언제 어떻게 나타날지 도무지 알 수 없는 길을 헐떡이면서 가고 있다. 여기에 근본적인 인생 불안과 공포가 깃들어 있다.

이 공포에서 벗어날 방법은 없을까? 여기에 경은 명백하게 답을 주고 있다. 공포에서 벗어나는 길을 말씀하고 있는 것이다. '마음이 걸림이 없으므로 공포가 없다' 하고 있다.

마음이 걸림이 없다 함은 무슨 뜻일까? 이에 대해서는 이미 말하였다. 그것은 반야에 의해 마음이 본래 걸림이 없고 덮임이 없음을 확인하고 확신하며, 걸림 없고 덮임 없는 청정심이 되는 것이라 했다. 이것이야말로 공포에서 벗어나 대안락을 얻는 방법이다.

여기서 우리는 두 가지를 말해야 하겠다. 하나는 마음이 본래 덮임이 없고 걸림이 없는 청정심임을 깨닫는 것이다. 우리의 마음이 영원한 청정심임을 아는 것이다. 여기에는 공포가 있을 수 없다. 고苦란 아예 이름조차 없는 대자재, 즉 대안락만이 있기 때문이다. 그것은 바라밀다의 전공덕全功德이 전면全面으로 노현露顯하기 때문이다.

이것은 앎에서 되는 것이 아니다. 지어먹은 믿음으로 되는 것도 아니다. 사유와 연구로 도달되는 경계도 아니다. 오직 깨침이 있을 뿐이다. 앎 없이 알 뿐이다. 의심 없이 자긍自肯할 뿐이다. 실로 자기 진면목自己眞面目, 자기본심지自己本心地를 요달了達한 장부한丈夫漢이 수용하는 경계이다.

다음에는 마음에서 어둠, 한계, 변멸, 고통 등 소극적인 관념을 소탕하는 방법이 있다. 이것은 마음에서 일체 비본성적非本性的인 상념想念을 몰아내고 반대로 본성덕성인 긍정과 안녕, 지혜와 자비의 대조화심을 마음에 충전充塡시키는 것이다.

이와 같이 마음에 어둠이 덮인 것이 아니고 밝음으로 충만되었을 때, 이것도 역시 마음에 덮인 것이기는 하나 이것은 긍정적이며 광명적인 상념想念이 덮인 것이므로 우리에게는 역시 공포·불안 등 부정적이며 소극적인 암흑暗黑이 부지하지 못하게 되어 불안·공포는 자취가 없게 된다. 여기서 우리는 본성의 법칙과 본성 공덕 운영의 원리를 알아야 할 것이다. 이 도리를 통해 우리는 대안락·대해탈을 즉시에 수용할 수 있는 것이다.

六
심청정心淸淨이 정견正見을 낳는다

O

바라밀다에는 유有도 없고 무無도 없다. 유무有無도 없고 진무眞無도 없다. 공空이다. 대립對立된 존재가 아니라는 뜻이다. 전일全一, 전성全性, 무대립無對立의 경계境界다. 그러므로 일체一切에 걸림이 없다. 대자유大自由가 여기서 열리는 것이다. 바라밀다는 대해탈大解脫이며 대자유이며 자존自存이다. 여기서 정견正見이 바로 선다.

무엇이 정견일까? 그보다도 무엇이 사견邪見일까를 먼저 보기로 하자. 유무견有無見에 사로잡힌 견해가 사견이다. 한계적 존재성에 근거한 소견이 사견이다. 우리는 이 사견으로 어떤 판단을 한다. 이 사견에 의한 판단이 전도견顚倒見이며 허망한 생각이다. 바로 전도몽상顚倒夢想이다. 반야에서 일체 존재적 유무를 여지없이 분쇄했을 때 정견은 스스로 서는 것이다. 그러므로 경에 "반야바라밀다에 의해 마음이 걸림이 없게 되므로 전도몽상을 멀리 여읜다."고 하고 있다.

여기서 중생 전도顚倒의 모양을 약간 살피기로 한다.

대개 범부는 네 가지로 전도견을 갖는다. 범부들이 그들 미迷의 세계의 참 모습을 모르기 때문에 중생세계가 무상無常한 것을 모르고 영원인 줄 알고 상常에 집착하며, 또한 고苦인 것을 모르고 낙樂인 줄 알고 집착하며, 또한 무아無我인 것을 모르고 아我에 집착하며, 부정不淨인 줄 모르고 정淨이라 집착하는 것이다. 이것을 유위有爲의 사전도四顚倒라고 한다.

또 한 가지의 사전도가 있다. 이것은 유위有爲에 집착하는 전도가 아니라 무위無爲에 집착하는 사전도를 말하는 것이다. 유위의 사전도는 범부들이 잘못 보고 집착하는 것이지만 무위의 사전도는 성문聲聞, 연각緣覺이 갖는 전도견이다. 이들은 유위의 전도에 대해서는 명백한 견해를 가지고 있다. 다만, 깨달음의 경계가 마치 일체 유위현상有爲現像이 없고 다시 아무것도 없는 이런 것인 양 생각하고 집착하는 이것이 잘못이다.

앞서 말한 바 있지만, 이는 공을 잘못 안 것이며 공에의 집착이다. 그래서 깨달음의 세계, 즉 열반경계—바라밀다는 영원하며[常], 낙樂이며, 열반 자체로 존재하며[我], 이것이 정무구淨無垢한 줄을 모르고 반대의 견해를 갖는 것이다. 즉, 무상無常하고 고苦며 무아無我며 부정不淨이라고 생각하는 것이다. 이것이 무위의 사전도이다.

만약 무상無常, 고苦, 무아無我, 부정不淨이 진리실상이라면 우리는 영원히 비관과 절망에 빠질 수밖에 없다. 우리는 전혀 생의 긍정과 존립存立의 기초를 상실한다. 여기서는 오직 염세厭世와 퇴영退嬰밖에 아무것도 없다. 긍정·번영·환희란 생각조차 할 수 없다. 그것은 망견일 것이다.

이런 견해는 유위有爲의 사전도와 같이 유해하다. 오히려 그 해독害毒이 더 크다. 이런 사상은 퇴폐사상이라 아니할 수 없다. 그러므로 이것을 전도견이라 하는 것이다.

우리 주변에 이런 견해의 잔재는 없는가 살펴야 할 것이다.

七
열반涅槃에 이르다

○

경에는 "전도된 허망한 생각을 멀리 떠나 열반을 얻는다[遠離顚倒夢想 究竟涅槃]." 하였다. 열반은 니르바나nirvāṇa로 멸도滅度 · 적적寂寂 · 이계離 繫 · 해탈완전의 뜻이다. 원적圓寂이라고 번역된다. 원래는 불을 끈 상 태를 말하는 것인데, 이것은 타오르는 번뇌의 불길이 꺼져 없어져서 깨달음의 지혜, 즉 보리菩提가 완성된 경지를 말한다. 이것이야말로 불교의 구극적究極的 실천 목적이라 할 수 있다.

대개 열반에 대해서 두 가지 입장이 있다. 그것은 번뇌를 없이 한 회신멸지灰身滅智의 상태, 즉 모두를 절무絶無로 돌리는 입장이 그것인 데 이것은 소승적小乘的 입장이다. 또 하나 열반을 적극적으로 생각하 는 것이 대승적大乘的 견해이다. 원래 열반은 상락아정常樂我淨의 사덕 四德이 구족具足한 것인데 우리가 이를 발견하지 못하는 것은 공무空無 의 잔재殘滓, 즉 유성有性의 잔적殘跡 때문이다.

열반에는 이와 같은 사덕四德과 팔미八味가 갖추어져 있다. 팔 미八味라 함은 상常 · 항恒 · 안安 · 청정淸淨 · 불로不老 · 불사不死 · 무구 無垢 · 쾌락快樂을 말한다. 이와 같은 열반과 그 덕미德味는 닦아서 더해지거나 얻어지는 것이 아니라 자성본래自性本來가 이런 것이므로 본래 청정열반 또는 성정열반性淨涅槃이라 하는 것이다. 이것이 만인萬人 자성自性의 본래 상태이다.

경에 "구경열반究竟涅槃"이라 했다. 이는 '번뇌를 없애어 마침내 열반에 든다'는 열반에 이르는 과정을 말한 것이 아니다. 또한 열반을 구경했다는 것도 아니다. 이는 구극究極열반이 무주처열반無住處涅槃을 의미하는 것이다. 즉, 열반에도 머무르지 않고 생사生死에도 머무르지 않는 것이다. 이것은 반야에 의해 번뇌장煩惱障이나 소지장所知障을 벗어나서 생사의 미迷경계를 벗어났으므로 생사에 머무르지 않는다는 것이며, 본연대비심本然大悲心을 일으켜 중생 속에 들어가 중생을 구제하기 때문에 열반에도 머무르지 않는 것이다.

"보살은 지혜를 가짐으로써 생사에도 머무르지 않으며 자비를 씀으로써 열반에도 머무르지 않는다." 하고, 또한 "뛰어난 지혜를 가진 보살은 죽음에 이르기까지 항상 중생에게 이롭게 하여 열반에 들지 않는다."는 경의 말씀은 모두 이를 말하는 것이다. 열반을 불교도의 구극의 실천목표라 한 것은 이를 두고 말한 것이다.

이와 같이 불교도의 이상은 그 차원이 지극히 높다. 해탈을 하고 정토에 태어나는 것이 이상이라지만 이것은 자기 혼자 간다는 것이 아니다. 모두와 함께 자유해탈을 얻고 정토의 행복을 누리는 것이다. 향상일로向上一路가 즉시 향하로向下路인 것이다.

八

반야般若는 제불諸佛의 모母다

◎

경에는 "삼세제불三世諸佛도 반야바라밀다에 의함으로써 아뇩다라
삼먁삼보리를 얻나니…" 하였다. 삼세란 과거·현재·미래다. 제불
이란 일체불一切佛이다. 다시 말해 일체 구도자一切求道者이며, 일체
중생一切衆生이다. 이 모두가 아뇩다라삼먁삼보리를 이룰 때 불佛이
되는 것이다.

그러면 어떻게 아뇩다라삼먁삼보리를 얻는 것일까? 반야바라
밀다에 의해서이다. '심경' 벽두에 "관자재보살이 반야바라밀다를
행하여 오온이 공하였음을 비춰 보았다."고 하는데, 이것은 관자재
보살이 관자재를 이룬 연유를 설명한 것이다. 동시에 이것은 관자재
觀自在만이 아니다. 불佛이 되는 방법이기도 하다.

대개 중생이란 자성自性의 몰각沒却이며 불佛이란 자성의 각覺
이다. 그 차이는 무엇인가? 자성을 매각昧却한 자는 물질과 감각의
경계에 사로잡혀 그에게 한계 지워져 자재한 본분을 상실한다. 각자
覺者에는 이런 한정속박限定束縛이 없다.

반야에 의해 중생에 있는 물질과 감각의 장벽을 타파할 뿐만

아니라 대상적·인식적 일체 존재의 존재성 자체의 허虛를 노정하므로, 있는 것이란 자존自存, 자재自在, 해탈解脫, 원만구족圓滿具足의 본성本性뿐이다. 여기서 반야에 의해 아뇩다라삼먁삼보리를 얻는다는 말이 있게 된다.

대개 아뇩다라삼먁삼보리는 범어 아누타라 사미아크 삼보디 anuttara-samyak-saṃbodhi의 음사音寫인데 무상정등정각無上正等正覺, 무상정변지無上正遍知 또는 줄여서 정각正覺이라 번역한다. 다시 위없이 뛰어났고 바른 정등正等인 바른 깨침이라는 뜻이다. 이는 무상진리無上眞理가 가지는 원만한 일체 공능을 나타내는 근원이다. 부처님이 불佛이 된 근본원인이 바로 이것이다.

부처님의 한량없는 자비와 위신력과 대지혜가 필경 여기에서 연유한다. 이 아뇩다라삼먁삼보리는 바라밀다의 주체적 파악이다. 이것은 바로 본성本性의 원만한 확인을 의미한다. 범부에 있어서 이제까지의 망견에 의해 가리워 있던 일체 존재, 오온 등을 여지없이 공허화空虛化함에서 낭연朗然히 드러나는 자성심지自性心地이며 그 광명인 것이다.

그러므로 여기에 '정각正覺을 현전現前시키는 반야야말로 제불諸佛을 출산하는 모母'라 하는 까닭이 있다.

九
아뇩다라삼먁삼보리가
의미하는 것

◎

이미 본 바와 같이 무상정각無上正覺은 바라밀다의 주체적 파악이며 불佛이 되는 관건關鍵이다. 우리들 불자의 근본 목표는 성불成佛에 있는데, 그러면 우리는 어떻게 하여 아뇩다라삼먁삼보리를 이룰 것인가가 문제되지 않을 수 없다. 이에 대해서는 이미 경에 분명히 "반야바라밀다에 의지해"라고 명시하고 있다.

그러면 어떻게 하는 것이 반야바라밀다에 의지하는 것인가가 문제되지 않을 수 없다. 우리는 이미 '반야'와 '바라밀다'의 상관관계를 살핀 바 있다. 그러나 이것은 아직 말이며, 관념이며, 생각이다. 이론이며 논리임을 어찌할 수 없다. 이론이 그런 것으로 이해할 것이며, 논리를 수긍한 것이며 생각과 관념으로 표상表象하고 의식한 것밖에 다른 것이 아니다.

바꾸어 말하면, 자체가 된 것이 아닌 것이다. 바라밀다에 도달하는 과정과 방법과 바라밀다의 내용과 세계를 우리의 생각 나름대로 이해한 것에 불과한 것이다. 그러므로 여기서는 불가불 바라밀다 자체를 주체적으로 파악하는 방법을 언급하지 않을 수 없게 됐다.

|

임제(臨濟, ?~867)가 황벽(黃檗, ?~850) 선사에게 물었다.

"어떤 것이 불법佛法의 참된 뜻입니까?"

불법의 진제眞諦를 물은 것이다.

황벽은 임제를 방망이로 후려쳤다.

임제는 무슨 뜻인 줄을 몰랐다. 목주睦州가 임제에게 권해 다시
묻게 했다. 그러나 세 번 물었으나 번번이 방망이만 날았다. 임제는
결국 황벽 회상會上을 떠나 대우大愚 선사에게 갔다. 임제는 대우에
게 "불법대의佛法大義를 세 번 물어 번번이 방망이 맛만 보았다."고
불평했다.

여기서 대우는 말했다.

"황벽이 그렇게도 노파심老婆心이 간절하게 너에게 사무치도록
일러준 것을 모른단 말이냐?"

이 말 아래 임제는 대오大悟하였다.

우리는 여기서 불법의 진수를 묻는데 방망이가 날았다는 도리
에 착안해야 할 것이다.

그 후 임제는 황벽에게 돌아갔다. 그리고 대우 선사와의 문답에
서 스승의 자은慈恩을 알았다고 고백하였다.

그때 황벽은, "대우 놈이 오면 한 방망이 되게 먹여야겠군!" 하였다.

이에 임제는 즉시, "기다릴 것이 무엇 있습니까. 당장 맞으시죠!" 하고 황벽의 뺨을 한 번 쳤다.

황벽은 크게 웃고 "이 미친놈이 여기 와서는 호랑이 수염을 만지는구나!" 하니 임제는 할喝을 했다.

황벽은 시자를 불러 "이 미친놈에게 자리를 잡아주라." 하였다. 그의 깨친 것을 인가印可한 것이다.

아뇩다라삼먁삼보리를 이룬 것을 대오라 한다. 우리는 여기서 임제의 오悟의 편면片面을 보고 있다. 무엇이 임제의 오처悟處인가? 임제에게 시간적 관념이 있는가? 공간적 피아彼我가 있는가? 작위作爲의 분별이 있는가? 감성적 지둔遲鈍이 있는가?

다시 또 하나의 보기를 보자.

|

백장(百丈, 720~814) 선사에게 한 승僧이 물었다.

"어떤 것이 가장 기특한 도리입니까?"

최상 구극究極의 도리道理가 어떤 것인가 하고 묻는 것이다.

백장은 대답하였다.

"내 홀로 대웅봉大雄峰에 앉았노라."

대웅봉은 백장산百丈山의 이명異名이다. 대웅봉 밑에 이러고 있는 이 현실로 최상의 진리, 즉 파라미타pāramitā를 내어 보인 것이다.

승은 절을 했다. 알았다는 뜻이다. 감사하다는 말이다. 그런데 백장의 방망이가 번개같이 날아 절하는 승을 내리쳤다.

우리는 백장의 방망이 이것이 최상 지극至極한 도리라고 알고 있는 것에 대한 부정이며, 동시에 최상구극의 진리로 그 승의 미혹을 타파하는 것이며, 동시에 최상 기특지奇特之 도리道理를 우리에게 뚫어지게 내보이고 있음을 알아야 한다.

|

이상에서 우리는 파라미타의 주체적 파악인 정각이 어떤 것인가를 별견하였거니와, 파라미타의 존재성을 살피기 위해 다시 두 개의 보기를 들기로 한다.

|

마조도일(馬祖組道一, ?~788) 선사에게 방거사龐居士가 물었다.

"만법萬法과 짝하지 않는 자가 누구입니까?"

만법은 성주괴공成住壞空을 반복하는데 이런 무상변천과 관계 없는 도리를 어떤 이론이나 존재로서 묻고 있는 것이 아니라 그러한 진리 주체자, 즉 구체적 실권자를 묻고 있는 것이다.

마조는 대답하였다.

"네가 서강西江의 물을 한 입에 다 마시고 나면 일러주지!"

방거사는 이 말 아래 대오하였다.

방거사가 어떻게 깨쳤는가 그 송頌을 보자.

"시방十方에서 다 함께 모여서

모두가 무위無爲를 배우니

이곳은 불佛을 고르는 과거장科擧場이라

마음이 공空하니 장원壯元일러라."

일구흡진서강수(一口吸盡西江水: 단숨에 서강물을 마신다)가 어떤 것인가. 그리고 불여만법자(不與萬法者: 만법과 짝하지 않는 자)가 어떤 것인가를 쉽게 말해주고 있다.

약산유엄(藥山惟儼, 751~834) 선사의 도덕을 사모하던 이고李翶가 약산을 찾아왔다. 그리고 물었다.

"어떤 것이 도道입니까?"

약산은 손을 들어 위 아래로 올렸다 내렸다 할 뿐 말이 없었다. 이고는 무슨 뜻인 줄 몰라 어리둥절하였다. 약산이 물었다.

"알겠소?"

"무슨 뜻인 줄 모르겠습니다."

그때에 약산이 입을 열었다.

"구름은 청천에 있고, 물은 병에 있소이다[雲在靑天水在甁]."

여기서 이고가 개오開悟하였다.

선禪에 있어서 다루는 문제가 바로 정각이며 파라미타다. 그리고 이것을 말이나 사량思量이나 비유로 말하는 것이 아니고 주체적 파악으로 응수應酬하는 것이다. 즉, 상대적 상황 방법을 쓰지 않는 것이다. 마음속에 마음을 부어 주는 것이며 마음을 서로 맞붙잡고 희롱하는 것이다. 이것은 말이나 생각의 한계 밖의 경계인 것이다.

방거사의 '호설편편설好雪片片說'은 이 사이 소식을 잘 말해 준다.

노방老龐이 약산藥山을 찾고 돌아오는데 눈이 펄펄 내렸다. 몇 사람의 선승들이 문 밖으로 전송했다. 노방은 휘날리는 눈을 가리키며 말하였다.

"송이송이 내리는 눈이 딴 곳에 떨어지지 않는구나!" 곁에 있던 전수좌全首座가 말했다.

"눈이 어디로 떨어집니까?" 하자 방거사는 손뼉을 한번 쳤다. 전수좌가 "거사도 소홀히 하지 마십시오." 했다. "수좌님, 그러고서도 선객禪客이라고 하니 염라대왕이 그냥 두지 않을 거야!" 이에 전수좌가 물었다.

"그럼 거사는 어떻게 하겠소." 방거사는 또 한번 손뼉을 치며 말하였다. "눈으로 보는 것은 소경과 같고 입으로 말하는 것은 벙어리 같네."

이상에서 파라미타의 경지가 이런 것이며 정각의 경계가 언어

부도처言語不到處며 비사량경계非思量境界이며, 언어나 사량이 아무 용用도 못함을 보여준다.

여기서 우리가 거듭 착안해야 할 것은 파라미타 밖의 딴 물건이란 없다는 것이다.

가히 제거할 번뇌도 없으며, 사대도 없으며, 오온도 없으며, 무명도 없으며 다시 얻을 아뇩다라삼먁삼보리나 바라밀다를 가히 얻었다면 얻은 것이 아니며, 법이나 바라밀다가 있다고 한다면 이미 법도 아니며, 바라밀다도 아닌 것이다. 아뇩다라삼먁삼보리, 바라밀다는 본래의 것이며 상자현전常自現前하며, 본자해탈本自解脫, 본자구족本自具足, 본래자재한 것이다. 여기에 다시 얻고 버릴 것이 있다면 될 말이 아니다.

十
맺는말

○

바라밀다가 가지는 내포內包, 즉 공능功能은 실實로 이언설離言說, 절
사량처絶思量處로서 이것을 우리는 다만 무한無限, 무극無極, 절대원만
자재絶對圓滿自在라고만 한다. 또는 무, 또는 공이라고도 한다. 그리고
이것은 구극의 완성이며 본연실상이다. 이것은 반야에서 현출하며 반
야의 근원이다. 삼세제불의 진제가 이것이며 일체중생의 본성향本性
鄕이 이곳이다.

　그리고 이와 같은 절대완성은 취사取捨에서 오거나 수증修證에
서 오거나 조건에서 오는 것이 아닌 본래불변진상本來不變眞相의 현
출인 까닭에 일체 중생을 직하直下에 입지성불立地成佛하는 도리이
며, 지옥을 즉시에 연화지蓮花池로 만드는 것이며, 업보계박신業報繫
縛身을 즉시에 해탈자재신解脫自在身으로 바꾸는 것이니 가히 제불
의 어미이며 만성萬聖의 근根이며 일체 성취의 원源이라 할 것이다.

五 총결분

總結分

이곳을 이 경의 대단원大團圓이라 할까.

반야바라밀다般若波羅蜜多를 신주神呪로 비유해 신주의 내적內的·외적外的 형태形態와 그의 공능功能을 총괄적總括的으로 결론하고, 다시 이와 같은 모든 공덕을 갖춘 반야바라밀다를 하나의 신주로 삼고 이 신주에서 반야바라밀다는 즉시 각覺이라는 결론적 찬讚으로 일경一經을 맺는 것이다. 이 결론적 찬구讚句가 '아제아제 바라아제 바라승아제 모지 사바하'의 진언眞言이다.

이 까닭에 반야바라밀다는 이것이 큰 신기로운 주며, 큰 밝은 주며, 위없는 주며, 등에 다시 등없는 주임을 알라. 능히 일체 고를 없애고, 진실하여 헛되지 않기에 짐짓 반야바라밀다주를 설하노니 이르되, 아제 아제 바라아제 바라승아제 모지 사바하

故知 般若波羅蜜多 是大神呪 是大明呪 是無上呪 是無等等呪 能除一切苦 眞實不虛 故說 般若波羅蜜多呪 卽說呪曰 揭諦揭諦 波羅揭諦 波羅僧揭諦 菩提娑婆訶

一

반야바라밀다주呪

○

앞의 파사분破邪分·공능분功能分을 통해 반야바라밀다가 절대적인
무한공덕장無限功德藏의 비건秘鍵임을 알게 되었다. 실로 이곳은 일체
완전성취一切完全成就의 비장秘藏이다. 이로써 삼세제불이 성불하는
것이다. 그리하여 관자재보살觀自在菩薩은 반야바라밀다를 하나의 주
呪로 간주看做하면서 이 주의 공덕을 다각적으로 평가 찬탄讚嘆하고
있는 것이 이 총결분總結分이다.

주呪라 함은 무엇일까?

주는 진언眞言이다. 진언은 진리 본연本然의 음성적 파동형태波
動形態이다. 그래서 진언은 목소리로되 진리의 파동이 표현되는 목
소리이다.

그러므로 진언은 강력한 실현력實現力·성공력을 보유한다. 진
언이 가지는 이러한 성격상, 진언에는 신비한 내용이 담겨 있다. 그것
은 진리가 가지는 불가사의不可思議한 위력을 함장含藏하고 있기 때
문이다. 원래 인간은 진리의 구존자具存者며 그의 표현이기 때문에
그의 언어는 진언으로서의 위력을 가지고 있다. 다만 망념에 번롱翻

弄되기 때문에 그 위력이 감손되었을 뿐이며 본질적으로는 진언이 갖는 공능성취功能成就의 가능성은 언제나 갖고 있다. 그러므로 우리는 우리가 갖고 있는 진언眞言을 구사驅使해 위력을 발휘하고 선용善用하도록 힘써야 할 것이다.

주呪는 주문呪文, 신주神呪, 범주梵呪, 밀주密呪라고도 한다. 범어 만트라mantra의 번역인데 만트라는 진언이다. 다라니dhāraṇī라고도 하고 다라니陀羅尼라고 적는다. 이때는 총지주總持呪라고 번역하는데 모든 뜻을 모두 갖추고 있다는 뜻이 강조된 말이다. 또 비디아vidyā라고도 하는데 이때는 명주明呪라 번역한다.

주는 번역하지 않는 것이 관례이다. 그것은 뜻이 광범해서 번역이 정확하기 어렵기 때문일 것이다.

二
반야바라밀다 주의 총괄적 공능功能 평가

○

관자재보살은 반야심경을 맺는데 있어 반야바라밀다주를 설하기로 하고 주를 설하기에 앞서 대체로 세 가지 각도에서 이 주의 공능을 설명하였다.

첫째는 내용면에서의 논단論斷이다. 왈曰, "반야바라밀다는 이것이 대신주大神呪며 대명주大明呪…"라 하였다. 대신주란 무슨 말인가. 범어의 마하만트라maha-mantra이니 큰 진언이라는 말이다. 마하maha란 대大로 번역하지만 여기의 대가 단순한 대가 아님을 유의해야 할 것이다. 대소 상대의 대가 아니다. 대소가 없는, 상대가 아닌 절대적 대를 의미한다. 그러므로 마하만트라는 절대인 본심본지本心本地, 즉 바라밀다의 목소리이며 말이다. 근원진리의 언성적言聲的 파동형태波動形態란 이를 두고 한 말이다. 그러므로 대신주大神呪라 함은 반야바라밀다주의 근본 성격을 밝힌 말이 되는 것이다. 그래서 바라밀다주는 절대적 대인 무한의 함량을 가지고 있음을 밝히는 것이다.

다음에 대명주라 함은 무엇인가? 이것은 일체완성, 일체확통一切廓通, 일즉일체一卽一切, 일체즉일一切卽一의 절대적 원융전일성을 의미한다. 여기에는 대립이 없다. 막힘이 없다. 시是도 비非도 없다. 무한 허공을 태양이 찬연히 그 광명을 흩듯이 막힘없이 거침없이 일체에 무한으로 일통一通한다. 여기서 이 명주明呪는 바로 대진리의 전량적全量的 표출임을 보여준다. 그러므로 그의 절대적 위력을 짐작할 수 있는 것이다.

둘째는 외연면外延面에서의 논단論斷이다(여기에 바라밀다의 외연外

延이라 함은 큰 어폐語弊가 따르는 것이지만 말이 없으니 부득이하다. 설명에는 개념화를 피할 수 없기 때문에 어쩔 수 없다. 성찰을 바란다).

관자재보살은 반야바라밀다주가 '무상주無上呪며 무등등주無等等呪라' 말함으로써 유일무이적唯一無二的인 신주神呪임을 말하였다. 무상주無上呪는 상上이 없다는 뜻이지만 하下도 없는 것이다. 유일자唯一者며 무이자無二者인 때문이다. 만약 또 하나의 주呪가 있어 이에 비교하여 설사 적은 것이라도 있다면 이는 이미 비교되는 또 하나의 주呪만큼은 적은 것이다. 때문에 절대적 대, 즉 무상無上이 될 수는 없는 것이니 여기에는 필연적으로 이 모두를 합하고 다시 이에 초월한 자까지도 합한 또 하나의 대주大呪를 생각할 수 있다.

반야바라밀다주는 실로 절대적 무상無上이라는 말이다.

다음에 '무등등주無等等呪'라 함은 비할 데 없다는 뜻이다. 범어의 아사마사마asamasama다. 절대적인 대大이므로 다시 이와 비교할 데 없다. 이로써 반야바라밀다주의 외연적 규정은 다시 더 여지없는 완벽한 대로 설명되었다.

셋째는 공용면功用面의 평론評論이다.

관자재보살은 반야바라밀다가 내용적으로 대신주大神呪며 대명주大明呪며 외연적으로 말하여 무상주無上呪며 무비주無比呪라 말씀하고는, 다시 이 주呪와의 공용면功用面을 언급하기를 "능히 일체고액을 없애고 또한 진실하며 결코 허망함이 없다."고 말씀하였다. 반야바라밀다는 일체 고가 범접할 수 없다. 양립兩立할 수 없기 때문이다. 마치 어둠과 태양이 공립共立하지 못하듯이 반야바라밀다에는 고액이라는 어둠이 입入할 수 없다. 광명이 가는 곳에 일체 암흑의 자취가 없어진다. 반야가 있는 곳에 광명스런 바라밀다, 즉 성취와 자재가 있을 뿐이다.

실實로 고苦는 독자적 존재가 아니다. 고는 반야바라밀다의 몰각에서 일어난 망각妄覺이다. 실제로는 없는 것이 있는 것으로 보이는 것이다. 반야가 이르는 곳에 바라밀다가 현전하므로 고가 있을 까닭이 없게 된다. 다음에 관자재보살은 반야바라밀다라는 '진실' 한마디를 강조하였다.

'진실'이라 함은 공허하지 않음을 말함이다. 일체선공덕一切善功德이 충만함을 의미한다. 이것은 무한공덕無限功德을 의미하며 바라밀다의 진실을 가리킨 말이다. 실로 반야바라밀다는 이 '진실' 일구에 결론이 있다 하겠다. 이 무한 진실을 현출하기 위해 부처님과 관자재보살이 등장하고 사리불이 동원되고 반야 법륜法輪이 열린 것이다.

우리는 여기서 다시 이 '진실' 일구가 가지는 절대심심미묘지의絶對甚深微妙之意를 살펴야 한다.

三
반야바라밀다주의 어구

○

앞에서 보는 바와 같이 관자재보살은, 반야바라밀다주의 총괄적인 공덕 평가를 하고, 대공덕大功德의 보장寶藏이며 그를 개현開顯하는 비건秘鍵이기도 하는 반야바라밀다주를 설하게 된다.

주呪에 이르기를 "아제 아제 바라아제 바라승아제 모지 사바하"라 하였다.

1. 주의 원의原意

주는 원래 번역하지 않게 되어 여기서도 범어를 원음元音대로 음사音寫하고 있다. 이것은 이른바 오종불번五種不飜의 첫째로, 그 뜻이 오묘하고 깊어서 생각이나 이론이 닿을 수 없는 것이기 때문이다. 그러나 여기서는 주가 갖는 문학적 원의를 살피기 위해 억지로 말을 옮긴다.

주의 범어梵語는 이런 것이다.

가테 가테 파라가테 파라삼가테 보디스바하Gate gate pāragate

pārasaṃgate bodhisvāhā

여기서 나오는 네 개의 가테gate를 "감[往]이여, 감이여, 피안彼岸에 감이여, 피안에 완전히 감이여, 깨달음이어라 스바하"라 할 수 있을 것이다.

가테는 무엇을 의미하는 것일까? 이것은 피안에 이른 자, 즉 반야바라밀다를 가리킨다 하겠다. 그리고 이 반야바라밀다를 '가테 가테 파라가테 파라삼가테 보디스바하'라고 세 번 반복하면서 그 뜻을 굳히고 나서 이 파라삼가테는 곧 보디[覺]임을 선언하고 끝을 스바하[願成就祝意]의 비어秘語로 맺고 있다. 이렇게 보면 이 주의 문학적 원의는 '반야바라밀다는 각[覺]이로다. 일체 성취 스바하'의 의미를 선언하고 강조하고 축원하고 찬탄하고 있다.

2. 주의 수지受持

반야바라밀다주를 이루고 있는 어구의 뜻이 비록 위에 살핀 바와 같은 '반야바라밀다의 찬구'이지만 이는 관자재보살이 설명하신 바와 같이 대신주大神呪며, 대명주大明呪며, 무상주無上呪며, 무등주無等呪다. 그 공능도 말할 수 없고 생각할 수 없는 '진실'의 대보장大寶藏이다. 결코 그 뜻이 우리의 생각이나 관념으로 짐작하거나 그것으로 형용하거나 생각으로 헤아릴 수 있는 것이 아니다. 그러므로 이 주를 지송하자면 일체 관념적 분별이 끊어진 '신信' 한 자에서 행해야 할 것이다. 그러면 어떤 것을 무분별저신無分別底信이라 하는 것일까? '아제 아제 바라아제 바라승아제 모지 사바하'라 해둔다.

四

광본심경廣本心經의 유통분流通分

O

오늘날 우리가 지송하고 있는 현장역 약본略本 반야심경은 이상으로 끝이다(유통분이 생략되었다). 그러나 광본廣本 반야심경은 여기에 유통분이 있다. 이하에 반야삼장般若三藏의 한역본에 의해 유통분을 소개한다.

"사리불이여, 이와 같이 제보살마하살은 심심반야바라밀행甚深般若波羅蜜行을 행하나니 (너희들은) 마땅히 이와 같이 행할지니라."

이와 같이 설하시니 이때에 즉시 세존께서 광대심심삼매에서 일어나시어 관자재 보살마하살을 칭찬하셨다.

"옳다 옳다 선남자여, (참으로) 그러하다. 네가 설한 바와 같나니라. 심심반야바라밀다행은 마땅히 이와 같이 행해야 하나니 이와 같이 행할 때 일체 여래가 모두 수희隨喜하시느니라."

그때에 세존께서 이 말씀을 설해 마치시니 장로 사리불은 큰 기쁨이 넘쳤고 관자재 보살마하살도 또한 크게 환희하였으며, 그때에 회중에 모인 천天, 인人, 아수라, 건달바 등이 부처님의 말씀을 듣고 모두 크게 환희하여 신수봉행하였다.

거두는 말

이상에서 반야심경의 구조와 대체적인 의미 내용을 살펴 보았다.

이제 본고를 마치면서 이제까지의 요지를 정리해 보고자 한다.

一

심경의 특성

◎

반야심경은 부처님의 대자비 위신력을 힘입어 관세음보살이 자신이 도달한 경계, 즉 마하반야바라밀을 설명함으로써 일체중생을 근본적으로 해탈시키는 큰 법을 설한 것이다. 특히 여기에서 관세음보살은 자신이 증득하고 자신이 수행하며 자재구사하는 대지혜를 명석하고 세밀하게 밝혀줌으로써 범부들에게 일시에 관세음보살의 자재한 경계를 엿보게 해주고 있다. 부처님의 크옵신 자비와 곡진하신 자비방편에 거듭 머리 숙여진다. 동시에 관세음보살이 자신의 경계를 남김없이 열어 보임에서 우리로 하여금 더더욱 관세음보살의 대자비에 젖게 하며 또한 친근감을 보태준다 하겠다.

반야심경은 결코 이론이 아니다. 타인의 사상 설명이 아니다. 관세음보살이 체험하고 쓰고 있는 실지를 말씀하고 있는 것이며 부처님께서 이를 증명한 것이다. 그러므로 누구든지 이 법을 알 때 즉시에 관세음보살의 관자재 자비묘용의 경계를 쓰게 되는 것이니 심경이야말로 최상의 진리행을 완성시키는 최고의 요전이라 할 것이다.

二

심경의 요의

○

관세음보살은 자신의 자재도리를 설명하는 데 있어 먼저 마하반야
바라밀다를 행하여 실천적인 실지를 보여준다. 이것은 말과 이론을
초월한 진리 실재實在로서 관세음보살은 이 마하반야바라밀다라는
진리 실재에 머물러서 그로부터 현존하는 일체 진리를 사실적으로
설명해 나아가고 있다.

마하반야바라밀다에선 관세음보살은 관찰의 눈을 '바라밀다'
일점에 머무르게 하고 두 방면으로 관찰하며 설명을 이어간다.

첫째는 범부들이 보고 느끼는 현상과 감각과 가치세계에 대한
관찰이다. 이에 대해서는 중생이 보는 바 그 모두는 망견으로서 바
라밀다 실지 본분에서 보면 아예 없는 것임을 설파한다.

세계를 구성하는 물질도 없다. 인간 형체를 구성하는 육체도 없
다. 인간 감각과 의식과 인식을 규정하는 일체 정신적 요소는 없는
것이다. 인식의 대상이 되는 바깥 일체 경계도 없는 것이다. 인식주
관도 없는 것이며, 인식에서 얻어진 알음알이도 없는 것이며, 근본
적으로 인간의 번뇌망상 내지 무명無明이라 하는 근본 무지도 없는

것이다.

그러므로 생도 없고 노사도 없고 필경 범부가 인식하는 인생 전체는 무無임을 밝혀 준다. 이러할 때 어디에 얻을 것이 있으며 잃을 것이 있을 것인가. 정正이다 사邪다 하는 분별 전도도 없게 된다. 거기에 다시 무슨 공포가 있을 것인가. 이리하여, 인간을 한정하고 구속하고 부자유스럽게 하고 가치와 의미를 부여해 억압하고 있는 인간계의 속박 현상을 남김없이 타파하는 것이다. 그러므로 반야 심경이 제시하는 반야바라밀다는 실로 영겁불멸의 인간해방 원리의 설파다. 인간의 유한 구속 한정상태를 일체 타파해 버리기 때문이다.

다음으로 반야바라밀다의 관찰은 반야바라밀다 자체에 향하고 있다. 앞에 본 바와 같이 일체의 현상 경계가 무無일 때 반야바라밀다 자체는 어떤 것이었던가를 설명한다.

이곳은 사실이 있을 뿐이다. 설명할 수가 없다. 설명할 말이 없는 것이다. 설명할 자체이기 때문이다. 그러나 이 말할 수 없는 바라밀다 자체에 대해서 관세음보살은 그의 공능을 약간의 말로 설명하고 있다. 참으로 커서 일체 대소의 양量을 넘어섰고 일체에 막힘없이 통해 걸림이 없으며, 상대를 넘어선 절대적 가치로서 그와 더불어 상하를 논할 다른 아무런 가치존재도 없으며 더불어 비등할 아무것도 없다.

그는 이와 같이 크고 막힘없이 통하고 절대적 가치며 무상의 존재이면서 거기에는 일체 완전·원만·자재·성취·무한·영원이 넉넉히 있을 뿐이다. 심경에서 관세음보살은 바라밀다가 가지는 비할 데 없이 수승한 공덕과 위력과 역능을 '진실'이라는 한마디로 설명한다.

이로 보건대 반야심경의 진리는 필경 반야바라밀다며 바라밀다는 바로 '진실자眞'로 요약할 수 있다. 우리는 여기 반야심경에서 관세음보살이 입각한 진리의 당처를 보는 것이며, 관세음보살이 수용하는 법을 보는 것이며, 일체 중생의 불멸의 본면목을 보는 것이며, 일체 중생이 해탈을 성취할 대도를 보는 것이다. 그것은 바로 반야바라밀다며 진실자眞다.

三
심경의 삼요三要

◎

이상 반야심경의 가르침에 의해 우리는 말할 수 없이 큰 교훈을 배운다. 그 낱낱을 다 들어 설명할 재간도 지면도 없으나 대강 두드러진 요점 몇몇만 들어 살피기로 한다.

|

그 첫째는 걸림이 없다[無碍]는 것이다.

심경에서는 범부가 인식하는 일체현상을 무無라고 규정한다. 그러므로 거기에 어찌 물리적 장애가 있으며 가치적 장애가 있을 것인가. 허공에서 멋대로 활개치듯 아무런 걸림이 없는 것이 진리이며 바라밀다의 인간실상이다.

그런데도 우리는 얼마나 많이 구속하고 다른 사람을 온갖 명목을 세워 조건지우고 구속하는가. 가치와 명분의 이름 밑에 얼마나 자신의 자유가 구속되고 있는가. 그리고 잃을까 겁내고, 헤어질까 겁내고, 허물어질까 겁내고, 죽을까 겁내는 등 얼마나 많은 공포 불안의 장막 속에서 허둥대는가. 중생들의 거꾸러진 지견도 그 모두가 여기에서 출발하는 것이다. 관세음보살은 말씀하신다.

"일체가 없는 고로 얻을 바가 없다. 그러므로 수행하는 자는 바라밀다에 의해 마음이 걸림이 없고 공포가 없고 대열반 대안락 대해탈지에 이른다."

|

둘째는 무구無垢다.

허물이 없다는 말이다. 허물은 가치와 존재에서 파생한다. 가치가 없을 때 허물이 있을 수 없고 일체 존재가 없을 때 가치를 논할 여지가 없다. 그렇다면 잘잘못과 얻고 잃음과 죄악과 공덕과 다시 참회와 과보가 무엇으로 인해 있을 것인가. 반야바라밀다에는 이러한 사람의 마음 땅을 물들이고 때 묻히고 속박하고 평가할 아무것도 없는 것이다. 그것은 어떻게 해서가 아니다. 본래 무구이다. 무구이기 때문에 본래 청정한 것이다. 이것이 인간의 참모습이며 마음의 실상이며 생명의 본 면목이다.

그런데도 범부들은 묘한 가치 기준을 세워놓고는 얼마나 많은 사람들을 옳다 그르다, 잘했다 잘못했다, 선하다 악하다 등 제멋대로 때를 묻히고 굴려왔던가. 또한 청렴결백이라는 잣대로 자신의 마음 깊숙이 죄악의 검은 물감을 풀어왔던가. 원래 무구청정한 인간 본성은 끝없이 맑고 끝없이 깨끗하다. 때 묻을 수 없고 죄지을 수 없는 것이 인간 생명의 본연 면목인 것이다.

|

셋째로 인간 권능의 현발現發이다.

이미 본 바와 같이 일체에 걸림없고 일체에 때묻지 않은 무애無礙 무구無垢의 세계는 반야바라밀다가 드러내 보인 진리 실상의 경계다. 이러한 대해탈의 도는 어떤 공간에 설치한 거대한 그림이거나 아니면 신비한 사상이거나 놀라운 고법체계가 아니다. 그것은 관세음보살이 직접 쓰고 있는 구체적인 실지다.

다시 말하면 무애·무구가 관세음보살에 있어 주체적이며, 능동적으로 구사되고, 그러할 때 관세음보살은 원만자재라는 절대적 완전을 장악하게 된다.

이것은 다름아닌 관세음보살의 본래 면목과 그 위덕을 말하는 것이며, 동시에 일체 중생의 본래 면목과 그가 지니고 있는 공덕과 능력을 말해 주는 것이다.

거듭 말하면 반야바라밀다에 비춰진 인간실상은 인간이 곧 바라밀다. 인간은 바라밀다가 가지는 온갖 공덕과 역능을 자기의 것으로 쓰고 있는 것이다. 그러므로 바라밀다인 인간은 경의 말씀과 같이 걸림이 없으며 공포가 없다. 진실 원만하다. 그 무엇도 그를 능가하는 자 없고 그와 대립하는 자가 없고 그와 짝하는 자가 없다. 일체에 막힘없이 확 통한다.

그러하거늘 범부들은 인간을 어떻게 보아왔던가. 과연 인간을 주체자로 보았던가. 불보살의 위덕을 가지는 자라고 보았던가. 대개는 인간을 육체적·물리적 조건의 존재로 보았다. 그는 유한자며 허물어져 없어질 자며 왜소한 자로 보았다. 어리석고 무력하고 죄짓고 울고 헤매는 가엾은 존재로 보았다. 양심이 있는 자는 스스로 죄인임을 자처하고, 또한 다른 이에게 '죄인, 죄인' 하며 참회를 요

구했다. 그들은 바라밀다로 살면서 바라밀다를 몰랐던 것이다. 지견이 전도했기 때문이다. 우리는 심경이 가르치는 반야바라밀다에 의해 인간 존재를 바로 보아야 할 것이다.

모든 인간은 존경받을 자이다. 불보살의 성품과 공덕을 함께 갖추고 있다. 그는 존경 받아야 하며 무상가치로 대우 받아야 하며 그가 지니는 절대 가치가 자유로이 발휘될 수 있도록 보장되어야 한다. 부처님께 예경하듯이 모든 사람에게 예경해야 한다.

다음에 모든 사람은 찬양받을 자이다. 그의 생명 참모습은 모든 아름다운 것, 모든 착한 것, 모든 가치 있는 것, 그 모두를 간직하고 있다. 그는 그것을 쓰는 자다. 그가 쓰는 것은 그것뿐이다. 다른 것이 없기 때문이다. 그것 아닌 것으로 보이는 것은 모두가 망견이다. 우리는 진정 인간의 절대적인 생명 가치를 긍정하고 찬양하고, 자기 생명에 흐르고 있는 절대 가치를 긍정하고 발휘해야 한다. 여기에서 우리는 어느 때나 충만감과 감사가 함께 하는 것이며 끊임없는 창조를 현출한다.

|

넷째로 우리는 항상 부지런[常精進]해야 한다.

바라밀다로 갖추어진 우리 생명의 고귀한 덕성은 이것이 구체적인 활동상이었다. 끊임없이 살아 움직이는 것, 이것이 바라밀인 우리의 실상생명이다. 끊임없이 진실 일자字를 행동해야 한다. 거기에는 오온의 어두운 그림자가 깃들 수 없다. 정진하지 않을 때 오온의 뜬 구름은 자성의 태양을 가리게 마련이다. 항상 자신을 돌이켜 구석구석 바라밀 광명을 비춰야 한다. 일체 업장, 죄업 등이 부지할 수 없게 되고 바라밀의 빛나는 생명이 빛날 뿐이다. 여기에 이르면 죄업이며 오온이 본래 없음을 알게 된다.

|

끝으로 반야법등을 전하는 것이다.

바라밀은 이것이 끝없는 밝음이며, 생명이며, 충만이며, 성취며, 완성이다. 여기에는 피아가 없다. 일체를 일시에 성취시킨다. 이것이 바라밀 법등이다. 만약 다른 사람을 밝게 해주지 못한다면 그것은 이미 등이 아니다. 다른 사람을 밝히지 못한다는 것은 자신도 어둡기 때문이다. 그러므로 바라밀 행자는 항상 바라밀 법등을 이웃에게 전해 주는 것으로 자신 생명의 충만도를 더해 가야 한다. 전법이 없는 믿음은 믿음이 아니며, 전법이 최상의 공덕이며, 전법이 최상의 보은이며, 전법이 정토 성취의 지름길이라고 말하는 까닭이 여기에 있다.

四
맺는 말

◉

마하반야바라밀을 바로 알자. 항상 마하반야바라밀을 염하자. 마하
반야바라밀에서 일체 장애와 재앙이 즉시 소멸되며 일체 불보살의
위신력이 자신에게 충만한다. 일체 불보살과의 거리가 없어지기 때
문이다. 마하반야바라밀을 생각하는 곳에 불보살의 위덕과 은혜는
넘쳐나고 일체 소망은 성취된다. 마하반야바라밀을 생각하며 나의
생명의 바라밀 실상을 관하자. 환희와 용기는 넘쳐나고 끝없는 조화
와 창조는 힘있게 펼쳐진다.

　　항상 마하반야바라밀을 생각하자. 바라밀 실상이 현전하는 것
을 생각하며 감사하고 환희하며 용기를 내자. 부처님이 이미 우리
에게 주신 더없이 밝고 저물줄 모르는 진리의 태양을 보게 되며 쓰
게 된다.

　　우리의 세존 석가모니 부처님이 관세음보살로 하여금 말씀하
시게 하신 이 도리가 반야바라밀다심경이다.

반야심경 강의

ⓒ 광덕, 1980

1980년 3월 25일 초판 1쇄 발행
1990년 2월 13일 2판 1쇄 발행
2014년 7월 23일 3판 1쇄 발행
2025년 1월 7일 3판 6쇄 발행

지은이 광덕 스님
펴낸이 박상근(至弘) • 편집인 류지호 • 편집이사 양동민
편집 김재호, 양민호, 김소영, 최호승, 하다해, 정유리 • 디자인 쿠담디자인
제작 김명환 • 마케팅 김대현, 이선호, 류지수 • 관리 윤정안
콘텐츠국 유권준, 김대우, 김희준
펴낸 곳 불광출판사 (03169) 서울시 종로구 사직로10길 17 인왕빌딩 301호
        대표전화 02) 420-3200 편집부 02) 420-3300 팩시밀리 02) 420-3400
        출판등록 제300-2009-130호(1979. 10. 10.)

ISBN 978-89-7479-063-9 03220
값 15,000원